LEHRPROBEN ZUR DEUTSCHEN VOLKSKUNDE

IM AUFTRAGE DES
VERBANDES DEUTSCHER VEREINE FÜR VOLKSKUNDE

HERAUSGEGEBEN

VON

JOHN MEIER

BERLIN UND LEIPZIG
WALTER DE GRUYTER & CO.
VORMALS G. J. GÖSCHEN'SCHE VERLAGSHANDLUNG — J. GUTTENTAG, VERLAGS-BUCHHANDLUNG — GEORG REIMER — KARL J. TRÜBNER — VEIT & COMP.
1928

Druck von
R. Wagner Sohn, Weimar

VORWORT

Die nachfolgenden Lehrproben zur deutschen Volkskunde sollen eine praktische Ergänzung zu der Darstellung der wichtigsten volkskundlichen Stoffgebiete in der im vorigen Jahr erschienenen Deutschen Volkskunde[1]) bilden. An Hand ausgewählter Beispiele[2]) zeigen hier Lehrer ihren Fachgenossen, wie sie sich volkskundliche Themata mit Nutzen im Unterricht der Volksschule behandelt denken.

Mit voller Absicht ist den einzelnen Bearbeitern nichts darüber vorgeschrieben worden, ob sie den Aufsatz streng in das Gewand einer Lehrprobe kleiden oder ob sie in freierer Bewegung nur mehr eine gedankliche Anleitung für das zu Behandelnde geben wollen. Und in der Tat sieht man auch die verschiedensten Gestaltungen vertreten.

Mit Recht! Denn wie die Persönlichkeit allein, und nicht etwa fachliches Wissen und pädagogische Ausbildung, letzten Endes den Lehrer schafft und seine unterrichtlichen und erziehlichen Erfolge bedingt, so muß innerhalb weitgesteckter Grenzen auch die Unterrichtsart des einzelnen Lehrers sich aus dem Menschen, je nach Wesensart und Temperament verschieden, herausbilden, und je freier die Schule den Lehrer in dieser Beziehung lassen kann, desto besser wird sie selbst fahren.

Deshalb wollen auch die folgenden Lehrproben kein „Schema" sein, das mechanisch kopiert werden soll, sondern nur eine der vielen und gleichberechtigten Arten, wie die Behandlung volkskundlicher Themata in der Volksschule erfolgen kann. Wenn

---

[1]) Deutsche Volkskunde. Insbesondere zum Gebrauch der Volksschullehrer. Im Auftrage des Verbandes deutscher Vereine für Volkskunde herausgegeben von John Meier. Berlin und Leizig, Walter de Gruyter & Co., 1926.

[2]) Leider mußte die Lehrprobe „Märchen" wegen Erkrankung des Verfassers ausfallen.

das Buch, wie wir hoffen, seinen Zweck erfüllt und Beifall in Fachkreisen findet, so soll vielleicht ein zweites Bändchen in einiger Zeit folgen.

Unseren Mitarbeitern aber, die, in langer Praxis bewährt, aus den Bedürfnissen der Schule heraus ihre Beiträge gestalteten, danken wir herzlich für den Dienst, den sie dadurch unsrer gemeinsamen Sache geleistet haben.

Freiburg i. Br., am 24. August 1927.

JOHN MEIER

INHALT

DAS WALDHUFENDORF

(Grundbeispiel der planmäßigen Kolonistensiedelung im deutschen Mittelgebirge. Für das 7./8. Schuljahr der Volksschule)

VON ADOLF DRESSEL

Alles ihm Erreichbare soll der Mensch kennen lernen, die Heimat aber von Grund aus.

I. METHODISCHE VORBEMERKUNGEN

Aus drei Gründen, die auf den Beziehungen zwischen dem Sachstoff und der kindlichen Entwicklung beruhen, ist eine auch nur einigermaßen umfassende Erarbeitung der Dorfform auf die Oberstufe der Volksschule zu verlegen.

1. Alle Formerkenntnis fußt auf dem Formenvergleich. So auch hier. Wohl ist das Waldhufendorf (Reihendorf einschl. Quellreihendorf und daraus hervorgegangenen Formen) die bezeichnende, fast ausschließliche Dorfgestaltung unserer engeren Heimat, des östlichen Erzgebirges, leicht im Stundenkreise rings um unseren Schulort zu erreichen. Um aber ihre Eigenart klarzustellen, müssen ihr andere heimatliche Dorfprägungen gegenübertreten. Solche lassen sich aus unserem derart geschlossenen Siedelungsgebiet heraus nur in zahlreichen Halbtags-, Tages- und Mehrtagswanderungen gewinnen: die Arten sorbischer Rundlinge in der Elbtalwanne — das allmählich gewachsene Haufendorf der Ebene — Gutsdörfer des Lößgebiets — das Industriedorf der Lausitz — die Streusiedelung des Gebirgskammes — die Schachbrettanlage der Bergbaugründung usw. Dazu braucht es aber Jahre und — wachsendes Begriffsvermögen.

2. Zum Verstehen des Dorfes als geschlossenen Lebensgebietes gehört eine Fülle von Einblicken, die nur das reifere Kind mei-

stern kann: Abhängigkeit von Bodengestalt und Gesteinsaufbau — von Bewässerung und Klima — ursprüngliche Pflanzendecke und Kulturen — wirtschaftliche und gesellschaftliche Ursachen und Wirkungen — Verkehrseinflüsse.

3. Vor allem aber ist jede Dorfform nur aus ihrem geschichtlichen Werdegang zu verstehen. Alle anderen Grundlagen werden an Ort und Stelle, durch unmittelbare Anschauung, durch Arbeit an den Dingen gewonnen. (Heimatkunde kann man nur im Freien treiben! Was erwandert werden kann, soll nicht aus Bild und Karte erworben werden!) Die Lehren der Geschichte aber erschließen sich dem Schüler aus Wort und Buch, aus wenigen historischen Resten, zu deren Deutung wieder Wort und Buch, geschichtliches Wissen und logisches Denken gehören.

Infolge solcher Überlegungen brechen wir vollständig mit der Weise früherer Lehrpläne, für die die „Heimatkunde" mit dem 3. Schuljahr abgetan war. Das räumlich Nahe ist noch nicht das geistig Nahe. Spiegel der Welt ist die Heimat. Sie zu begreifen ist Arbeitsgebiet des Kleinkindes wie des Akademikers. Wohl aber ist es nicht nur möglich, sondern auch dringend nötig, Jahr für Jahr vorher schon das, was zum Erfassen der großen Zusammenhänge gebraucht wird, als Einzelerkenntnisse herauszuschälen, leicht zugänglich und faßbar, unbeschwert von Problemen, oft in anderen Verbindungen, als sie später auftreten werden. Diese Vorarbeit ist denkbar bei jeder Art der inneren Schulorganisation, entweder eingegliedert in bestimmte Fächer oder innerhalb des Gesamtunterrichts, auch unter Ausnützung der „Gelegenheit" auf Wanderungen, die einem anderen Ziele oder der körperlichen Ertüchtigung dienen. Hingegen läßt sich die Behandlung des Hauptthemas kaum anders als gesamtunterrichtlich denken, d. h. eine bestimmte Zeit lang — bis zur bestmöglichen Erledigung — äußerlich den ganzen Unterrichtsplan, innerlich die ganze Anteilnahme beherrschend.

Die nachstehenden Skizzen sollen nicht einen bindenden Behandlungsplan vorschlagen. Sie wollen nur Stoffgliederungen sein. Auf unterrichtliche Form mußte verzichtet werden. Was nach meinen Notizen von Kindern gefunden oder ausgesprochen worden ist [in Kap. III], wurde mit [K] versehen. Vorausgesetzt sind die Anschauungskreise unserer Kinder. Glashütte ist eine aus alter Bergbausiedelung hervorgegangene kleine Industriestadt, rings von Bauerndörfern umgeben.

II. GEWINNUNG DER EINZELGRUNDLAGEN AUF DEN VORHERGEHENDEN KLASSENSTUFEN

Überallhin begleiten uns Karte, Skizzenblock und Notizbuch, dazu die Kamera, anfänglich des Lehrers, auf der Oberstufe die selbstgebauten Kästen der Schüler. Daheim wird gesichtet, ausgeführt, z. T. modelliert, niedergeschrieben. Bedeutsame Ergebnisse, auf Einzelblättern, wandern mit dem Schüler (Eigensammlung, in Mappe), von Jahr zu Jahr sich mehrend. Gipfelleistungen vereinigt die ebenfalls mit der Klasse gehende Klassensammlung. Sie steht also stets zur Verfügung; aus Einzelstücken früherer Beobachtungen können jederzeit Reihen im Ausstellungsrahmen des Zimmers zum Aushang kommen. Von den Aufnahmen werden Abzüge, Vergrößerungen und vor allem Diapositive hergestellt. Statt aller unterrichtlichen Maßnahmen seien solche Reihenbildungen hier dargestellt.

Das Haus. Maßverhältnisse der Giebel: Erdgeschoß und Dach — Stockwerk dazu — niedriges Erdgeschoß und hohes steiles Dach (Gebirgshaus) — gerader Giebel — schiefer Giebel des einhüftigen Haues. Baustoff: Holzwerk mit Umgebinde — Unterbau aus „Feldsteinen", nicht gebrochen, sondern aus „freiem Felde" gelesen — Fachwerk — Verschalung, Schieferbelag, Verschindelung des Giebels oder Obergeschosses. Dach: Stroh und Ziegel der Niederung — Schindel des Waldlandes, durch Schiefer verdrängt; Satteldach — Schleppdach — Walme und Krüppelwalme — Mansarde — Oberstübchen — Ochsenaugen und Schwalbenschwänze. Einzelheiten: Fachwerkformen, Andreaskreuze, Balkenschnitzerei. Bemalung — Zierformen in Schindeln (bodenständig, oft reich künstlerisch) und Schiefer (grell, oft starr, zu sehr von der Form abhängig) — Backofen — Tür und Fenster, Scheunentor — Laubengänge — Turm- und Erkeransätze — Wetterfahne. Inneres: Flur und Treppe — Innengalerie — alte Öfen mit Steigesse, Ofenbank, Ofenwinkel, Trockengestell — Hausrat.

Die Hofanlage. Wie beim Hause Aufriß und Seitenansichten, so herrscht hier unter den Ausdrucksformen, vom Modell abgesehen, der Grundriß vor: Geschlossener Vierseithof — Vierseithof mit Vordermauer — offener Dreiseithof — Zweiseithof in Winkel- und Parallelstellung — Einzelhaus. Innengliederung des Wohnhauses, Auszüglerhauses, Stalles, der Scheune.

Einzelheiten: Torweg mit Seitentür — Aufzug zum Oberboden — Einfahrtrampe zum Obergeschoß der Scheune — Brunnen und Bornhäuschen — der Baum am Hof.

Straßen- und Wegeführung. Alte Straßen, über freie Höhen führend („Hochwaldstraße") und die Gewässer meidend. Ihre Namen erinnern an ihren früheren Zweck: Alte Eisenstraße — Zinnstraße — Salzweg, oder an ihre Verbindungen: Alte Dresdener Straße. Wo sie Dörfer berühren oder Dörfer sich an solche Straßen gebaut hatten (Bild 2), sind sie zu Feld- und Verbindungswegen herabgesunken und haben ihre Bedeutung an die modernen Talstraßen abgetreten. Im Dorf: Straße durch die Bachaue — Seitenwege zu den Höfen — „Viehweg" oder „Gartenweg" hinter den Gehöften — Flurwege vom Hofe aus. Einzelheiten: Wegsteine — Brücken — Böschungen — Hohlwege — Schleifen.

Gewässer. Der Dorfbach, Einfassung, Uferbewuchs. Gestaut speist er den Dorfteich, in längeren Dörfern oft mehrere. Spritzenhaus am Teich, Gänseweide. Röhrenleitungen für Einzelhöfe oder genossenschaftlich. Schöpfstellen und Brunnenhäuser.

Der Boden. Entwicklungsreihen vom Gestein zum Ackerboden. Lehm und Löß der Niederung — Sandboden. Östliches Erzgebirge: Gneisboden — Basalt — harter Quarzporphyr tritt in Splittern auf — Granitporphyr verwittert krümelig, meist Waldboden — Sandsteinkonglomerat hinterläßt Kiesel. Färbungsgrenzen im unbestellten Acker. Bodenuntersuchung, Schlämmversuche, Kalkprobe.

Das Klima. Austausch unserer Witterungstabellen (Glashütte 330 m) mit der Schule zu Zinnwald (820 m). Höhenlage und Klima, Frühlings- und Erntebeginn, noch anbauwürdige Feldfrüchte und Gehölze, Winterdauer und Schneedecke. Örtliche Wetterregeln, Wetter im Volksmund.

Flurstücke. Nach dem alten Oberreitschen Atlas von Sachsen, nach Flurkarten und aus dem Volksmunde. Flurnamen, die frühere, z. T. entschwundene Landschaftsverhältnisse verraten: *Eichhübel, Lange Birken, Tännicht, Lärchenberg, Aschengründel* (*Ask* = Esche), *Kahle Höhe*. Oder den Namen des Besitzers: *Schützens Höhe, Raupennest*. Erinnerung alten Bergbaus: *Kohlgrund, Hüttenplan*. Siedelungsgeschichte: *die Folgen, die Erben, am Neubau*. *Die Steinrücke* ist etwas besonders Osterzgebirgisches. Sie heißt nie *der Steinrücken*, hat mit *Rücken* weder der Gestalt noch der Entstehung nach etwas zu tun. Es sind langgestreckte

Reihen, die schon der Urväter Hände aus den herausgeackerten Steinen zusammenhäuften und die daher meist die Flurgrenzen bedecken. Heute noch können wir ihr Entstehen beobachten. Weithin heben sie sich im Landschaftsbilde ab. Auf ihnen Gebüschbestand mitten zwischen den Kulturstreifen der Felder. Gehölze mit Flugfrüchten: Weide, Birke, Ahorn, Esche. Mit leuchtenden, durch Tiere verschleppten Früchten: Eberesche, Weißdorn, Wildrose, Hirschholunder. Im Schutze der Steinrücke halten sich Pflanzen, die rings keine Stätte mehr finden, so daß aus der Flora der Steinrücken erkannt werden kann, ob altes Waldland oder Moorwiesen der Siedelung anheim fielen. Reiche Vogelwelt. Wie eingewurzelt das Bild der *Rücke* im Volke ist, belegen groteske Redensarten: *Deine ahle Steenricke vun Ufen känntest de a emol umsetzn lossn. — Iech kah ni mehr racht beißn, iech hah nor noch enne Steenricke als Gebeeße.*

Ortsgrenzen. Die Begehung ist schwierig und nur stellenweise möglich. Immerhin muß das, was die Karte bietet — Orts-, Guts, Bezirks-, Staatsforst- und Landesgrenzen — irgendwo einmal an Ort geschaut werden. Aus der Wirklichkeit, den Grenzsteinen, ergibt sich das Kartensymbol, die punktierte oder gestrichelte Linie. Nach dem Meßtischblatt (das heimatliche muß wenigstens in Klassenstärke bereit sein): Größe der Ortsfluren, merkwürdige Zipfel, Erlangung bestimmter Teilstücke (Mühlen!), Enklaven. Alte Grenzsteine mit Jahreszahlen, Wappen, Widmungen.

Die Dorflage. Die Haupttäler unseres Gebirges sind tief eingeschnitten und schmal. Daher nirgends nennenswerte Siedelungen, abgesehen von Industrieanlagen, aus alten Wassermühlen hervorgegangen und oft noch Wasserkraft benutzend, sowie Arbeiterkolonien. Die Seitentäler sind meist im unteren Verlaufe „hängend", in der Erosion hinter dem rascher sich einschneidenden Haupttale zurückgeblieben. Daraus ergibt sich, daß die Bauerndörfer fast durchweg im mittleren Teil der Nebentäler liegen, oben in der feuchten „Quellmulde" seltener, in der engen steilen Mündungsschlucht nie.

III. DIE ZUSAMMENFASSENDE ARBEIT DER OBERSTUFE

Führt der Weg auf den unteren Stufen von der Wirklichkeit allmählich zum Kartenbilde, so soll uns letzteres nun dazu dienen, raschere Überblicke und Vergleiche zu gewinnen. Die Wanderung bewirkt Nachprüfung. Viele Erfahrungstatsachen können jetzt verwertet werden.

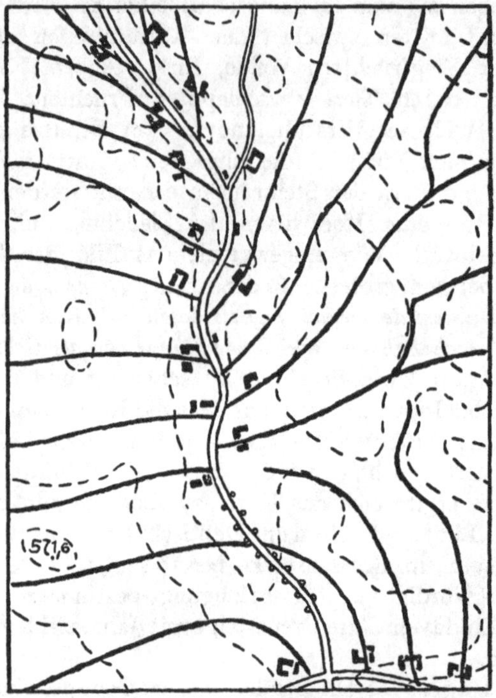

Bild 1: Verschiedene Lage der Hufen
Dittersdorf u. Börnchen b. Gl., schematisch
Strassen, Wege
Höhenlinien

Flureinteilung unserer Dörfer. Alte Bezeichnung *Hufen* (*Behuf, Bedarf*). Abschreiten von Länge und Breite, Messen auf der Karte, verschiedene Ergebnisse je nach Bodenart und Lage. Gebirgische Waldhufe 60 Morgen (ein *Morgen*, was mit einem Gespann in einem Vormittag umgepflügt werden konnte). Vergleich mit Scheffel, Acker, Hektar, Umrechnungen. Praktische, übersichtliche Anlage: Wenn ich ein Gut kenne, finde ich mich auf seine Felder [K]. Sie macht den Eindruck des planmäßigen, durch Abmessung einheitlich Entstandenen. Besondere Hufenlagen: Dörfer mit einseitig angelegten Hufen — auf der anderen Seite Steilhang, noch heute bewaldet [K]. Kurze und umgebogene Hufen (Bild 1): Das sieht aus, als ob das kleinere Dorf

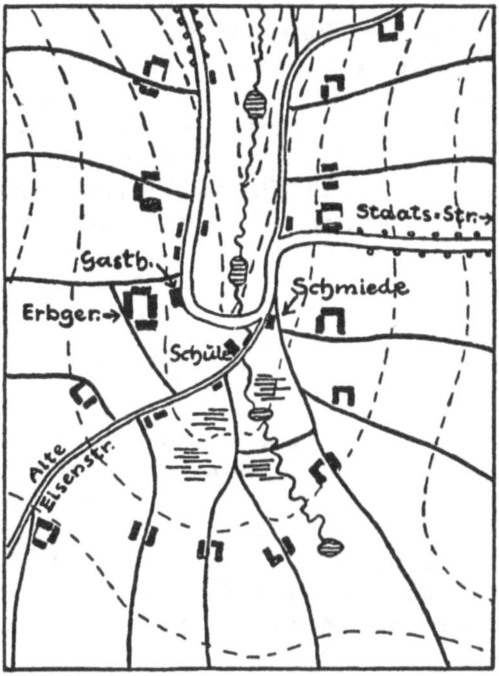

Bild 2: Quellreihendorf
Lüchau bei Glashütte, schematisch
═══ ─── Straßen, Wege
- - - - - - Höhenlinien

später gebaut sei, die Fluren fanden keinen Platz mehr [K]. Wenn das Dorf B. nicht gegründet worden wäre, hätte sich D. nach oben weiter ausbreiten können [K]. Auffällig ist bei den Dörfern mit ausgesprochener Talmittenlage, wie die Hufen im Niederdorf spitzwinklig nach der Bachlaufrichtung zu, die im Oberdorf annähernd rechtwinklig zur Dorfachse stehen (Bild 1): Neigungsverhältnisse der Hänge, die nach der Schlucht zu steiler werden. Quellreihendorf (Bild 2, kein ausgebauter Rundling!): Die Hufen gehen von der flach und weit abschließenden Mulde aus strahlenförmig — wie ein Spinnennetz [K]. Die Höfe liegen nicht am Bach, sondern beiderseits auf dem Knick der fast überall ausgebildeten Talterrasse. Bequemere Zufuhr zu den Feldern [K]. Sie müssen viel mehr auf die Felder fahren als auf die Hauptstraße [K]. Und früher war das erst recht der Fall.

In der Bachaue liegen Gebäude, die nicht zu den Höfen zählen. Kramhändler, Handwerker, Arbeiter wohnen darin — *Häusler*. Wo haben die ihre Felder [K]? Meist haben sie keine, höchstens Pachtland und den Garten ums Haus. Es sind spätere Zuzügler. Die kamen, als alles Land schon verteilt war [K]. Die Aue war Gemeindebesitz, dort konnten sie siedeln.

Hufen und Feldwege enden am Wald, der verschiedene Umrißformen aufweist. Bisweilen ist zwischen zwei Dörfern ein Waldstreifen stehen geblieben, der die Gemarkungslinie in sich schließt, er stellt das Überbleibsel des alten Waldlandes dar. Sprachlich: *Mark* = Grenze, Grenzland; Markgraf, Marquis, die Marke, markieren [K], Markscheider im Bergbau. Zusammenhängende Wälder meist Gemeindebesitz, oder der Staatswald begrenzt die Feldmarken. *Kommunwald*, auf alten Wegsteinen noch heute *Commune Luchau*, — Kommunisten [K]? — Kommunion [K]? Einzelne Waldstücke — *Bauernbüsche* = Privatbesitz, oft in schlechter Forstwirtschaft stehend. Dazwischen findet sich eine Form des *Genossenschaftswaldes*, mehrere Besitzer lassen ihre aneinander grenzenden Waldungen gemeinsam bewirtschaften.

Besondere Gebäude. Kirche, an den Talrand gehoben. Schule ihr meist benachbart, alte Abhängigkeit. Friedhof nicht wie in der Stadt außerhalb, sondern um die Kirche, gleich ihr alter Verteidigungsort, stark ummauert. In allen vier Nachbardörfern und fast allen größeren der Umgegend heißt der Hauptgasthof *Zum Erbgericht*. Auch ein Gut heißt so, dem Gasthof benachbart. Der Besitzer wird der *Erbrichter* genannt [K]. Bei meinen Verwandten in Böhmen heißt er der *Richterbauer* [K]. In der Dorfmitte liegt auch die Schmiede, von altersher auch in kleineren Dörfern eine wichtige Arbeitsstätte. Was sie früher alles zu liefern hatte. Heute dazu Vertretung in landwirtschaftlichen Maschinen. Zum Dorf zählt auch die Mühle. In J. heißt sie gleich Dorfmühle [K]. Am unteren Ende. Dort hat der Bach das meiste Gefälle [K]. Manche Dörfer haben ihre Mühle in einem benachbarten Tale, sogar in zweien, wenn der eigene Bach nicht genug Wasser lieferte. Heute Mahlbetrieb eingestellt oder zu Schneide-, Loh- oder Papiermühlen umgewandelt. Sprachlich: Häufigkeit der Familiennamen *Richter, Schmidt, Müller.* Die gesamte Personennamenkunde fügt sich am leichtesten der Siedlungsgeschichte an.

Rittergüter gibt es im Müglitzgebiet nur im Anschluß an die drei alten wirklichen Rittersitze Weesenstein, Bärenstein und Lauenstein, nirgends inmitten der Dörfer. Die alten Ritter waren auch Bauern, Gutsbesitzer [K]. Gelesen war schon *Meier Helmbrecht.*

Dorfnamen. Die neun Meßtischblätter des Bezirks sind an ebenso viele Arbeitsgruppen verteilt. Jede Gruppe sucht die Ortsnamen ihres Blattes und ordnet sie nach Gesichtspunkten, die ihr möglich scheinen. Zusammenfassung durch die Klasse. Von ursprünglicher Wildnis: *Hirschbach, Rehefeld, Falkenhain, Holzhau.* Von der Lage die Endungen *-bach, -walde, -hain, -berg* nur bei alten Bergbauorten, *-stein* nur von alten Burgen. Vom Neuanbau in der Fremde: *Neudörfel, Naundorf,* Lehrer: *Elend* = *elilenti* = Fremdland. Ganz auffällig hoch ist die Zahl der Orte, die Personennamen enthalten. Leicht verständlich: *Waltersdorf, Paulshain, Rudolphsdorf, Hartmannsbach.* Ferner *Berthelsdorf* (Berthold), *Cunnersdorf* (Cunrad), *Hennersbach* (Heinrich, Heiner), *Hermsdorf* (Hermann), *Wilmsdorf* (Wilhelm), *Wittgensdorf* (Wittig) u. v. a. m. Von *Georgenfeld* wissen wir, daß es von böhmischen Flüchtlingen erbaut und dem Kurfürsten Johann Georg zu Ehren benannt wurde. Es können aber doch nicht so viele Dörfer jedes nach einem Fürsten benannt sein [K]? Es kann auch der Name des ersten Besitzers sein [K]. Ein Dorf hat doch keinen Besitzer [K]? Ich meine den ersten Erbauer, den Gründer [K]. Ein einzelner Mann konnte doch kein Dorf bauen [K]? — Doch kann ähnliches sogar heute noch geschehen: In unserer Nähe liegt eine Mühle, nach dem noch lebenden vormaligen Besitzer genannt. Ihr Name hat nicht nur auf der Karte und als Bezeichnung der Bahnstation Eingang gefunden, sondern auch dem kleinen Ortsteil von drei oder vier Häusern den Namen gegeben. — Sprachlich: Auffassung der Ortsbezeichnungen als Dative. Nicht *Breitau,* sondern *Breitenau* = auf der breiten Aue. Endungen nicht auf *-wald,* sondern auf *-walde,* mit dem echten Dativ-E. Im *Fürstenwalde* (Bergwerksgründung auf landesherrlichem Besitz), im *Burkhardtswalde.* Bergleute machten *am* *alten Berge* neue Zechen fündig; die Stadt heißt heute noch nicht *Alterberg*, sondern *Altenberg*. Mundartliche Formen der Ortsnamen. Neck- und Spottverse. Von einem Einseithufendorfe unserer Gegend heißt es, dort würden die *Käulchen* (beliebtes Pfannengebäck) nur auf einer Seite gebacken. Warum? Sind die Leute so arm? Nein, weil auf der anderen Seite keine Häuser stehen. — *Reinhardtsgrimma*, im Volksmunde kurz *Grimme* genannt, sei der älteste Ort der Erde. Erschlug doch Kain seinen Bruder „in Grimme".

Dorfgründung. Wir sitzen auf Höhe 571,6, an einem Feldrain gelagert. Ich erzähle: Ihr habt euch neulich gewundert, in unserer Gegend keinen wendischen Ortsnamen zu finden, wie wir sie in der Elbaue so dicht gehäuft antreffen. Nur die Bäche unserer Heimat tragen slavische Namen, vom Unterlaufe her, wo sie in sorbischem Gebiet flossen. Hier oben im Gebirge hat nie ein sorbisches Dorf gestanden. Woher weiß man das [K]? Wie kam das [K]? — Das schließt man daraus, daß nie bei uns ein Fund aus slavisch-vorgeschichtlicher Zeit gemacht wurde, die beginnen erst in der Gegend von Dohna. Der Sorbe kannte nur den hölzernen Hakenpflug (aus Zweigstücken wird er rasch gebildet), höchstens mit eisenbeschlagener Spitze. Damit konnte er in den steinigen Äckern nichts anfangen [K]. Ja, selbst wenn es Äcker gegeben hätte. Besinnt euch auf den Blick, den wir vor 14 Tagen vom Kieferberg aus hatten! Wald, nichts als Wald, die Dörfer lagen versteckt in den Tälern [K]. Denkt euch auch hier ringsum denselben Blick: Wald, nichts als Wald, aber tageweit auch nicht ein Dorf dazwischen. Und den Wald stärker, dichter, wild verwachsen, ohne Weg und Steg. Das war erst recht nichts für die Sorben, da hätten sie erst den Wald roden müssen [K]. Die Sorben liebten die großen Flüsse, den Fischfang [K]. — Diese Wildnis blieb noch lange unbewohnt, als schon die Deutschen unter Heinrich I. und Otto I. die Mark Meißen gegründet, die Sorben in der Ebene zurückgedrängt und unterworfen hatten. Erst 300 Jahre nach Otto, im 13. Jahrhundert, kamen die ersten Wohnstätten in diesen Urwald. Das waren aber noch nicht Dörfer, sondern einzelne feste Türme mit Mannschaften darin und einem Ritterherrn. Dort im Süden seht ihr — „Schloß Bärenstein!" — das andere, weiter nach der Grenze zu, könnt ihr nicht sehen — „Lauenstein!" Vom Bären und Löwen, den starken kühnen Tieren, trugen diese Lehnsleute des

Markgrafen Heinrich ihre Wappenschilder. Starke Wacht sollten sie halten gegen die Grenze, wo der Böhme lag, der gerade zu der Zeit Zinn gefunden hatte am Südhange des Erzgebirges und nun nach dem Kamme zu vorstieß. Seht dort die Burg auf dem schroffen Felsen, an der engsten Talstelle, sie leicht zu sperren. Aber an zweierlei fehlte es dem Ritter auf dem Bernsteine. An bebautem Land, damit er besser leben könnte, nicht nur auf das Wenige rings um seinen Fels angewiesen war, und an Leuten, sie in Kriegsgefahr zu den Waffen zu rufen. Ein paar seiner Knappen, ihre Freunde und Verwandten siedelten sich dicht unter der Burg, in ihrem Schutze an. „Die Stadt Bärenstein!" — Nein, das benachbarte Dorf war es, die Stadt ist erst mehr als 200 Jahre später entstanden. Aber das war nicht genug. Da schickte der Bernsteiner einen seiner Getreuen weit ins alte deutsche Land, nach Franken. Der sollte dort Bauern suchen, die Land brauchten und herkommen wollten. Es fanden sich manche: jüngere Söhne, die keinen Hof erben konnten, Leute, die auf schlechtem Boden saßen, unruhige kühne Burschen, die Abenteuer suchten. Mit Frau und Kind, mit Roß und Kuh, ihre Habe und Vorräte auf schweren starkrädrigen Wagen verladen, machten sie die wochenlange Reise ins Meißner Land. (Vorbereitungen, Abschied und Fahrt werden im Gespräch ausgemalt.) Vom Elbtal und der Burg Dohna an zogen sie über die Höhen zu Seiten der Mogeliz. Nach Bärenstein brauchten sie nicht erst zu fahren, eine holperige schmale Straße führte durch Wald und Steingeröll, eine Seitenlinie der Dresden-Teplitzer Straße. Die wir ein Stück bei Breitenau und Fürstenwalde gingen [K]? Ihr könnt von hier aus ein Stück ihren Lauf verfolgen: von Neudörfel durch Dittersdorf, den oberen Teil von Börnchen, über die Höhe nach Liebenau zu. Hier unter uns, auf einer Waldlichtung zu seiten des Baches, gebot ihnen der Bärensteiner Führer halt. Sie fuhren, wie jeden Abend bei längerer Rast, ihre Wagen zu einem festen Ring zusammen. — Wie die Germanen, in die Mitte kam das Vieh [K]. — Am anderen Morgen erschien hoch zu Roß mit zehn Knappen und dem Burgkaplan der Bernsteiner. Weiter erzählt:

Vertrag mit den Ankömmlingen: Fünf Jahre zinsfrei, danach jeder Hof je ½ Malter Roggen und Hafer, sowie ¼ Mark Geldes jährlich an den Burgherrn, sonst auf freiem Besitz, eigene Gerichtsbarkeit und Verwaltung. Letztere ausgeübt vom „Richter", dem Anführer der Schar aus ihrer alten Heimat her, hier Dietrich geheißen — „Dittersdorf". Seine Vorrechte: Zwei Hufen statt einer, in erblichem Besitz = Erblehngericht, Erbrichter; abgabenfrei, Schlacht- und Schankrecht, daraus später Entwicklung des Gasthofs. Gegenleistung: Durchführen der burg- und landesherrlichen Verordnungen, Eintreiben der Abgaben.

Das folgende wird entwickelt auf Grund der schon erarbeiteten Befunde. Erste Tätigkeit der Ansiedler unter Führung des Richters Dieter: Abstecken der Hufen auf beiden Talseiten, Aushauen von Wegstreifen in den Wald, einfachste Unterkunft in gemeinsamem Tagewerk, Beginn des Rodens auf jeder Hufe, erster Feldanbau dicht am Hofe, Weitertreiben der Feldstreifen unter Zurückdrängung des Waldes, der schließlich auf die steilen Felshänge beschränkt wird, Gründung einer Kirche, die außer ihrer Hufe den Zehnten beansprucht, mehr als der Grundherr. Dittersdorf rodete in vier parallele Täler hinein. Es entstand aus einem Ansatz heraus in geregelter Gründungsarbeit. Neuankömmlinge bekamen in gleicher Weise ihre Hufen *am Ende* des Dorfes zugewiesen — Familienname *Mende*. Die alte Straße war für das Dorf ein Vorteil, ihre Bewachung aber auch seine Aufgabe: *Wachtberg* und *Wachtsteinrücke* seitlich der Straße, nördlich vom Dorfe. Sie zog sogar, was auf solch kleinem Raume in unserer Gegend selten ist, drei weitere Siedlungen an, die aber kleiner bleiben mußten, da das meiste Land schon vergeben war. Alle vier Ortschaften bilden heute noch eine wirtschaftliche Einheit, zwei gehören auch politisch zu Dittersdorf.

Berichtigungen auf Grund neuer Erkenntnisse: Die Dörfer und Weiler *Bärenburg, Bärenfels, Bärenhecke, Bärenklau* weisen nach ihren Namen nicht, wie angenommen, auf Zustand der Wildnis hin, sondern sind Gründungen von Bärenstein aus. Desgleichen *Löwenhain und Liebenau = Levenau* von Lauenstein aus (Löwenstein, Leuenstein, Levenstein). In den zahlreichen Ortsbenennungen mit Personennamen als Bestandteil steckt wirklich der Name des Gründers (Richter, Führer, *locator*). Ein Grundherr, der für sich selbst sorgte, d. h. zinsgebende Dörfer anlegen ließ, arbeitete dadurch auch für die Kultivierung des Landes.

Vorgelesen mit Erläuterungen und Aussprache: Gustav Freytag, *Bilder aus der deutschen Vergangenheit*, Band II, 5: „Die Besiedelung des Ostens".

DAS BAUERNHAUS IN DEUTSCHEN LANDEN

(Oberstufe)

VON KARL MEISEN

VORBEMERKUNG

Das deutsche Bauernhaus im Unterrichte mit Schülern zu behandeln, ist für den Lehrer eine Aufgabe von besonderem Reiz. Handelt es sich doch dabei nicht nur um die Vermittlung von bloßem Wissen, sondern auch darum, den Schülern Auge und Herz zu öffnen für das weite deutsche Land, für die besonderen Merkmale und Eigentümlichkeiten seiner Landschaften und ihrer Bewohner, sie anzuhalten und zu begeistern zu frischem fröhlichem Wandern, wobei sie mit offenen Augen durch Gottes Welt gehen sollen, dort zu schauen, zu vergleichen, zu verarbeiten, was ihnen entgegentritt, und so aus der Kenntnis einer neuen Landschaft heraus ein Gefühl des Verständnisses zu gewinnen für ihre Bewohner und die Art, wie diese sich in ihr eingerichtet haben und in ihr leben.

Aber auch unter dem Gesichtspunkte neuzeitlicher pädagogischer Bestrebungen bietet ein solches Thema eine Reihe nicht zu unterschätzender Vorteile. Ganz von selbst ergibt sich bei der Durchführung unserer Aufgabe die den Unterricht belebende und deshalb mit Recht so sehr erwünschte Querverbindung zwischen den Unterrichtsfächern der Erdkunde, der Geschichte, der Deutschkunde, des Zeichnens usw. Der Selbsttätigkeit der Schüler (Arbeitsunterricht!) ist größte Möglichkeit gegeben: was sie über die Hausform ihrer Heimat, was sie aus dem übrigen Unterricht wissen, was sie beobachtet und in sich aufgenommen haben auf Wanderungen und Reisen, landschaftliche Ausdrücke für besondere Teile des Hauses, die ihnen bei der Lektüre aufgefallen sind, was sie an Zeichnungen (Grundrisse, Querschnitte, Ansichten von Häusern, Modelle) anfertigen können, das alles werden die Schüler selbst zur unterrichtlichen Behandlung beitragen. Aufgabe des Lehrers ist es dabei, die Schüler zu führen und sie durch geschickte Fragestellung zur Mitarbeit zu ermuntern. Auch das Aufspüren, das Zusammenstellen von Anschauungsmaterial, das gerade bei einem solchen Thema von so ausschlaggebender Bedeutung ist, daß von ihm der Erfolg der unterrichtlichen Behandlung zum guten Teil abhängt, kann den Schülern zur Aufgabe gemacht werden (Bilder aus Reisealben, Reiseandenken, Ansichtskarten, Pläne usw.). Also in der Tat reichste Gelegenheit zur Anwendung der Arbeitsmethode!

Die geeignete Zeit zur Behandlung unseres Themas läßt sich leicht aus den Schullehrplänen bestimmen. Sie wird dann gekommen sein, wenn die Schüler im Erdkunde- und Geschichtsunterricht soviel über das deutsche Land und das deutsche Volk gehört haben, daß sie ohne besondere Schwierigkeiten der Behandlung der Aufgabe folgen können. Übrigens kann ja die zusammenhängende Behandlung unserer Aufgabe auch dadurch in etwa vorbereitet werden, daß im Erdkunde- und Geschichtsunterricht die Siedlungs- und Wohnverhältnisse der einzelnen Landschaften und Kulturepochen besonders berücksichtigt werden. Für diesen Fall ist eine spätere Anknüpfung der zusammenhängenden Besprechung einfacher. Desgleichen läßt sich auf Wanderungen, Ausflügen und Ferienreisen der Klasse in ungezwungener Weise die spätere unterrichtliche Behandlung vorbereiten, wobei mitunter von den Schülern selbst schon der Wunsch geäußert wird, von den deutschen Hausformen einmal etwas mehr zu hören.

Wenn das deutsche Lesebuch ein Stück über das Bauernhaus der Heimat oder einer anderen deutschen Landschaft enthält, wie das ja erfreulicherweise in manchen neueren Lesebüchern der Fall ist, wird der Lehrer natürlich diese günstige Gelegenheit benutzen und entweder mit dem Lesestücke die Behandlung des deutschen Bauernhauses beginnen oder aber das Stück an geeigneter Stelle in den Unterrichtsgang einschieben.

Was endlich den Gang der unterrichtlichen Behandlung unseres Themas angeht, so ist es wohl kaum vonnöten, darauf hinzuweisen, daß man von der Heimat und ihrer Hausform ausgeht und erst dann, nachdem die Schüler an ihr die wichtigeren

Grundbegriffe des Stoffgebietes kennen gelernt haben, mit denen sie nachher arbeiten sollen, zu den übrigen Landschaften fortschreitet. Es ergibt sich dann etwa folgender Unterrichtsgang:

I. Einleitung: Vermittlung wichtiger Grundbegriffe (Gehöft, Einheitshaus, Ein- und Zweifeuerhaus).

II. Das mitteldeutsche Gehöft der Heimat als Ausgangspunkt der Behandlung:
1. Charakteristische Merkmale (Ofen, Stube, Schornstein, Obergeschoß),
2. die übrigen Teile des Wohnhauses,
3. die Wirtschaftsräume,
4. Art der Herstellung und Baustoffe.

III. Die Bauernhäuser der übrigen deutschen Landschaften:
1. Die übrigen oberdeutschen Hausformen,
2. die niederdeutschen Hausformen,
3. die ostdeutschen Hausformen.

AUSFÜHRUNG

Die Schüler bekommen den Auftrag, einen Grundriß des von ihrer Familie bewohnten oder eines sonstigen Bauernhauses, das sie gut kennen, mit allen Wirtschafts- und Nebengebäuden zu zeichnen, am besten an Ort und Stelle. Alle Räumlichkeiten sind in diesem Grundrisse mit den ortsüblichen Benennungen zu bezeichnen. Die Gegenstände der Ausstattung und des Hausrates werden, soweit sich das ohne zu große Störung der Übersichtlichkeit ermöglichen läßt, mit eingetragen und benannt. Der Maßstab darf zu diesem Zwecke nicht zu klein gewählt werden, worauf der Lehrer bei Stellung der Aufgabe aufmerksam macht. Bei der Durchsicht der angefertigten Zeichnungen wählt der Lehrer einen für die Landschaft möglichst charakteristischen Grundriß aus, der als Ausgangspunkt der Besprechung dient. Falls er groß genug angelegt ist, wird er an die Wandtafel geheftet, im anderen Falle vom Lehrer oder einem Schüler auf die Tafel abgezeichnet. Der Grundriß soll zunächst dazu dienen, den Schülern einen Gesamtüberblick über die Anlage des heimatlichen Bauernhauses mit den einzelnen Teilen (Wohn- und Wirtschaftsgebäuden) zu vermitteln. Um dabei die kennzeichnenden Merkmale des mitteldeutschen Gehöftes, von dem dieser Lehrversuch seinen Ausgang nimmt, recht klar hervortreten zu lassen, wird neben den ersten Grundriß der Grundriß eines ganz anders angeordneten Bauernhauses, z. B. des niederdeutschen Hauses, gestellt, den ein etwa vom Niederrhein zu uns an den Mittelrhein zugezogener oder sonst ein Schüler und im Notfall der Lehrer selbst beisteuert. Die besonderen Merkmale in der Anlage des heimatlichen Hauses werden die Schüler aus dem Vergleiche der beiden Grundrisse viel schneller und klarer erfassen, als das durch bloße Beschreibung möglich ist. Durch diesen einfachen Vergleich lernen die Schüler gleich die beiden wichtigsten Formen des deutschen Bauernhauses kennen: das oberdeutsche Gehöft — Wohnhaus und Wirtschaftsgebäude, streng voneinander geschieden, umgeben einen rechtwinkligen Hofraum, zwei Feuerstätten im Wohnhause — und das niederdeutsche Haus, bei dem Menschen und Tiere, alle Geräte und Vorräte sich unter einem Dache, gewissermaßen in einem großen Raume, befinden (Einheitshaus) und nur eine Feuerstätte vorhanden ist. Nachdem durch Vermittlung einer Gesamtvorstellung beider Arten die Grundbegriffe Gehöft, Einheitshaus, oberdeutsche, niederdeutsche Form klar geworden sind, beginnt die Einzelbetrachtung, natürlich zuerst der heimatlichen Form, also in unserem Falle des oberdeutschen Gehöfthauses.

Eine Menge anderer Grundrißzeichnungen überzeugt die Schüler von der im Grunde genommen immer wiederkehrenden gleichen Anlage des Hauses ihrer Heimat. Dann tritt das Wohnhaus in den Mittelpunkt der folgenden Besprechung mit dem Ziele, den Begriff des Zweifeuerhauses noch weiter zu verdeutlichen und entwicklungsgeschichtlich zu erläutern. Die Schüler beschreiben und zeigen am Grundrisse den Eingang ins Wohnhaus. Wie heißt der Raum, in den man zunächst hineinkommt? *Huus* (= Haus). Was befindet sich in diesem Raume, den ihr so nennt? Der Herd. Wozu dient der Herd? Warum wird man also den Teil des Hauses einfach *Huus* nennen? Er ist der wichtigste Teil des Hauses. Warum? Hinweis auf den Grundriß des niederdeutschen Hauses, der zeigt, daß der Herdraum nicht nur der Kochraum und der Raum zur Einnahme der Mahlzeiten, sondern auch im übrigen der Wohn- und Schlafraum für die gesamte Familie ist. Warum dient der Herdraum in unseren Häusern nicht mehr so vielen Zwecken gleichzeitig? Es sind außer dem Herdraum noch besondere Räume zum Wohnen und Schlafen da. Welchen Namen trägt der Wohnraum, den es in unseren Häusern noch außer dem Herdraum gibt? Wie liegt diese Stube zu dem Herdraume? Der Schüler zeigt die Anlage der Stube an den verschiedensten Grundrissen und erklärt, daß sie immer neben dem Herdraum liegt und nur durch eine Wand von ihm getrennt ist, an der sich der Ofen befindet, der die Stube im Winter heizt. Warum mag man die Stube in dieser Weise neben den Herdraum gelegt haben? Es ist bequemer. Das war aber nicht der einzige Grund. Nun handelt es sich darum, den Schülern zu zeigen, daß der Ofen, da er ursprünglich ein sogenannter *Beileger* war, der vom Herd durch die Wand geheizt wurde, aus diesem Grunde an eben dieser Wand stehen mußte, solange es nur e i n e n Rauchabzug über dem Herdraum gab. Die ursprüngliche Art des Herdraumes, der durchging bis zum Dache, durch das auch der Rauch abzog, wird beschrieben (Hinweis auf das niederdeutsche Haus!). Welche der beiden Hausarten scheint euch nun die fortgeschrittenere zu sein? Worin besteht der Vorteil des oberdeutschen gegenüber dem niederdeutschen Hause? Daß es den Ofen hat, durch den ein zweiter heizbarer Raum möglich wurde. Wie mag man denn zu diesem Ofen gekommen sein? Die Entwicklung des Ofens wird gezeigt und möglichst durch Abbildungen usw. veranschaulicht: Ofen bedeutet ursprünglich *Topf* und war eine Heizvorrichtung, bei der das Feuer in einem Topfe angelegt wurde. Daneben kannte man aber auch schon früh eine andere Art zu heizen. Man erhitzte Steine und verwandte sie zu Wärmzwecken. Und als man es lernte, aus solchen Steinen ein kleines Heizgebäude zu errichten, das viel besser war als der Heiztopf, verlor dieser immer mehr an Bedeutung. An seine Stelle trat das Heizgebäude aus Steinen, auf das nun auch der Name *Ofen* übertragen wurde. Daß das Wort ursprünglich *Topf* hieß, daran dachte man nicht mehr. Die neue Heizungsanlage erfüllte den Zweck der alten und bekam deshalb auch ihren Namen. Der neue Ofen hatte seinen Platz mitten im Raume, einen Rauchabzug gab es noch nicht (Hinweis auf das niederdeutsche Haus!). An einer Skizze zeigt der Lehrer, wie durch Errichtung einer Trennungswand in dem ursprünglich einräumigen Hause der Herd an diese Wand heranrückt und wie jenseits dieser Wand ein besonderer Ofen errichtet werden konnte zum Heizen des neugewonnenen besonderen Raumes, der *Stube*.

Diese Stube stellt in der Entwicklung der menschlichen Wohnung einen gewaltigen Schritt nach vorwärts dar. Durch sie wird aus dem ehemaligen Einfeuerhaus das Zweifeuerhaus:

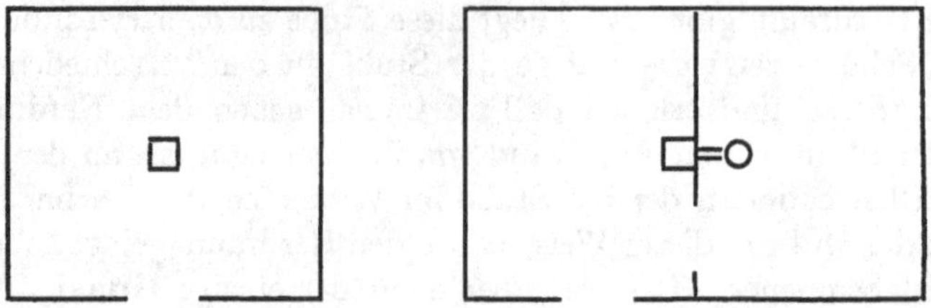

Für die Bedeutungsentwicklung des Wortes *Stube* = heizbarer Wohnraum greife ich zurück auf *Stübchen* = Gefäß (Flüssigkeitsmaß von etwas mehr als 3½ l, früher besonders in Niederdeutschland gebräuchlich), *Feuerstübchen* = Feuergefäß, *Brunnenstube* = Wassersammelbecken im Bergbaubetrieb, um daran die Grundbedeutung „Höhlung" zu zeigen, dann Einengung der Bedeutung auf Wohngrube (Hinweis auf die Wohngruben der Germanen, von denen vielleicht im Geschichtsunterricht die Rede war [Germania, c. 16]), und schließlich Übertragung auf den heizbaren Wohnraum.

In ähnlicher Weise werden die beiden anderen charakteristischen Merkmale des oberdeutschen Hauses, Schornstein und Obergeschoß, zum Gegenstande der unterrichtlichen Behandlung gemacht. Die Schüler fertigen zu dem Zweck Quer- und Längsschnitte der heimatlichen Hausform an. Aus dem Vergleich mit der ursprünglichen Form des niederdeutschen Hauses erkennen sie wieder die Überlegenheit des oberdeutschen Hauses auch hinsichtlich des Schornsteins und des Obergeschosses. Beide Einrichtungen, in denen sich die größere Entwicklungsfähigkeit der oberdeutschen Hausform verrät, stehen zueinander in Wechselwirkung, die eine ist durch die andere bedingt.

Im Unterricht gehen wir wieder von den einfachsten Verhältnissen aus: Einen besonderen Rauchabzug hat es ursprünglich nicht gegeben, vielmehr suchte sich der Rauch einfach durch das Dach seinen Weg (Veranschaulichung!). Erst als man dazu überging, den Feuerraum durch eine besondere Decke nach oben abzuschließen und über dem Erdgeschoß ein zweites Wohngeschoß einzurichten, entstand die Notwendigkeit, für einen Rauchabzug zu sorgen, der das obere Geschoß vom Rauche freihält. Die Schüler beschreiben den Rauchabzug (*Schlot*) älterer Häuser. Heute haben die Häuser einen Schornstein (Beschreibung!). Das Wort *Schornstein* bedeutet Kragstein. Der Rauchabzug saß auf einem besonderen Steine, der aus der Wand hervorragte, und dieser Stein hieß ursprünglich *Schornstein* (ahd. *scorrên* = ragen). Später wurde dieser Name von dem Steine, der als Unterstützung diente, auf den ganzen Rauchabzug übertragen. Nachdem so durch die Errichtung des Schornsteins die Schwierigkeit des Rauchabzugs behoben war, konnte sich über dem Erdgeschoß das Obergeschoß entwickeln, das auch schon früh vorhanden ist (Zeugnisse dafür, z. B. Sachsenspiegel schreibt vor, daß ein Haus drei Geschosse habe, eins in und zwei über der Erde). Das Obergeschoß war nicht heizbar. Aber unsere Vorfahren wußten sich zu helfen. In älteren Häusern findet man zuweilen in der Stubendecke eine Öffnung, die durch ein genau hineinpassendes Stück Holz verschlossen werden kann. Durch die Öffnung stieg die Wärme aus der heizbaren unteren Wohnstube in die über ihr liegende Stube des Obergeschosses (vgl. Goethes Brief aus der Schweiz vom 12. Nov. 1779). Vom Obergeschoß her komme ich auf die Treppe zu sprechen, die an die Stelle der Leiter in einfacheren Verhältnissen getreten ist. Die Zeichnungen geben die Stelle an, an der die Treppe angebracht ist.

Nachdem so die wichtigsten unterscheidenden Merkmale der heimatlichen Hausform herausgestellt sind, geht die Besprechung der übrigen Teile des Hauses schneller vonstatten. Die Schüler können jetzt stärker zur Mitarbeit herangezogen werden: sie zeigen, benennen und beschreiben mit Hilfe der Pläne, Skizzen usw. Der Lehrer führt, klärt, erläutert und vertieft. In dieser Weise werden die noch übrigen Teile des Wohnhauses (Schlaf-, Vorratskammern, Gesindestube, Keller, Speicher, Dach, Haustür), dann die Wirtschaftsgebäude (Anordnung, Zweck von Stallungen, Scheune, Schuppen, Teile der Scheune usw.), und endlich auch die Art der Herstellung (Ständer-, Fachwerk-, Blockbau), der Baustoffe und der Anpassungsfähigkeit an die Landschaft und ihre wichtigsten Erzeugnisse erledigt. Zum Schluß wird das Verbreitungsgebiet der behandelten Hausform angegeben, auf der Karte gezeigt und gegebenenfalls durch Abbildungen aus weiter abliegenden Gegenden mit derselben Hausform belegt. Zur ferneren Vertiefung in den bisher behandelten Stoff können den Schülern jetzt Aufgaben zur schriftlichen Bearbeitung gestellt werden, zu der sie auch die Darstellung erläuternde Zeichnungen hinzufügen mögen (Zeichenaufsatz).

Die Behandlung des Bauernhauses in den übrigen deutschen

Landschaften geht auf einer Wanderfahrt vor sich, die Lehrer und Schüler zusammen auf der Karte unternehmen. Dadurch, daß wir das mitteldeutsche Gehöft zum Ausgangspunkte unserer gesamten Besprechung machten, ist uns für unsere „Wanderung“ zunächst der Weg durch den Ausdehnungsbereich des oberdeutschen Hauses gewiesen. Für der Heimat unmittelbar benachbarte Landschaften kennen die Schüler unter Umständen schon die abweichende Hausform aus eigener Anschauung, vielleicht hat der Lehrer die Gegend sogar zusammen mit ihnen durchwandert und die nun einsetzende unterrichtliche Besprechung durch Ortsbesichtigung vorbereitet. Dann ist die Anknüpfung gegeben:

Neulich auf unserer Wanderung durch die Westeifel habe ich euch auf eine andere Form des Bauernhauses aufmerksam gemacht, und wir haben uns an Ort und Stelle Grundriß und Querschnitt in unser Wanderbuch eingezeichnet. Ein Schüler bekommt den Auftrag, den Grundriß an die Tafel zu zeichnen. Wodurch unterscheidet sich dieses Bauernhaus in seiner Anlage von denjenigen unserer Heimat? Das Haus und die Wirtschaftsgebäude liegen nicht rechtwinklig um den Hof herum, sondern in einer Reihe nebeneinander und parallel zur Straße. Das Wohnhaus steht dabei mit der Breitseite (*Traufseite*) zur Straße. Wohnhaus, Stall und Scheune haben von der Straße aus je einen besonderen Eingang, bzw. eine Einfahrt. Aber man kann auch, wie der Grundriß lehrt und wie wir uns an Ort und Stelle überzeugen konnten, vom Wohnhaus aus durch eine Tür in der seitlichen Trennungswand gleich in den Stall und von hier aus durch eine zweite Tür in die Scheune gelangen, ohne das schützende Dach über sich zu verlassen. Diese Hausform scheint dadurch entstanden zu sein, daß die einzelnen Teile in einer Fluchtlinie fest aneinander gerückt und durch die seitlichen Türen miteinander verbunden wurden. Das Ganze ist von einem großen, ziemlich flachen Dache überdeckt. So ist, äußerlich betrachtet, eine Art Einheitshaus entstanden, wenn auch im Innern die Teile von Grund auf nicht so ineinander gewachsen sind wie bei dem niederdeutschen Einheitshause, dessen Anordnung der Teile wir ja schon kennen gelernt haben. Durch die Anordnung der Gebäudeteile entsteht bei diesem Hause eine ziemlich lange Straßenfront, und da das Ganze ein ordentliches Stück von der Straße zurückliegt, vor den Gebäulichkeiten ein großer Vorplatz, der den Hof ersetzt:

hier befinden sich der Dunghaufen, der Holzstoß und der Platz für die Ackergeräte usw. — Ein Blick in das Innere des Wohnteils belehrt uns, daß außer dem Herdraum noch eine Stube vorhanden ist. Das Haus ist also ein Zweifeuerhaus und gehört demnach zur Gruppe der oberdeutschen Hausformen.

Auf der Karte der Heimatprovinz überzeugen sich die Schüler, daß diese Hausform sich im Rheinlande in den hochgelegenen Teilen der westlichen Eifel und des westlichen Hunsrücks findet. Wie mag man in den genannten Gegenden zu dieser Hausform gekommen sein? Die Schüler sprechen sich darüber aus, daß in dem hochgelegenen, wenig fruchtbaren Gebirgslande die Landwirtschaft nicht in dem Maße und mit dem Erfolge betrieben werden kann wie in der Ebene ihrer mittelrheinischen Heimat. Es genügt deshalb eine Wirtschaftsanlage von geringerer räumlicher Ausdehnung. Andererseits bietet gerade die Anordnung der Wirtschaftsräume dicht neben dem Wohngebäude, von wo aus jene unmittelbar zu erreichen sind, während des in der Gegend langen und strengen Winters mit reichlichem Schneefall (Schneifel!) einen besonderen Vorteil, weil die Arbeiten in Stall und Scheune verrichtet werden können, ohne daß man dazu das schützende Dach zu verlassen braucht. Aber auch außerhalb der Rheinprovinz findet sich diese Form des Bauernhauses noch in einem beträchtlichen Teile Mitteldeutschlands, wo im allgemeinen das mitteldeutsche Gehöft die herrschende Hausform ist, so im Vogelsberge, in der Rhön, in Mittel- und Oberfranken. Die Schüler schauen sich die genannten Gebiete auf der Karte an und überzeugen sich, daß es sich dabei ebenfalls um gebirgige Gegenden handelt, die der heimatlichen Eifel nicht unähnlich sind. Auch hier scheint also „das mitteldeutsche Gebirgshaus", wie wir es einmal nennen wollen, durch die besondere Landschaftsform des rauhen Mittelgebirges bedingt zu sein.

In noch stärkerem Maße ist das bei einer ganzen Gruppe von Hausformen in den höheren Gebirgslandschaften Süddeutschlands der Fall. Auch hier paßt sich die Hausform den besonderen Verhältnissen des Gebirges an. Der Lehrer zeigt Abbildungen, Grundrisse, Querschnitte usw. von Schwarzwaldhäusern. Aus dem Vergleich mit den schon bekannten Hausarten können die Schüler jetzt von sich aus schon die wichtigsten Abweichungen usw. feststellen, die Hausform einordnen in die Gruppe der Einheitshäuser und hinsichtlich des Wohnteiles in diejenige des oberdeutschen Hauses. Auf Grund der im erdkundlichen Unterrichte erworbenen Kenntnisse über Landschaftsform und Klima des Schwarzwaldes sprechen sich die Schüler unter Anleitung des Lehrers über die Zweckmäßigkeit des Schwarzwaldhauses aus, wobei die schon bekannten Hausformen und -teile fortwährend zum Vergleich und zur Verdeutlichung herangezogen werden:

Geschlossene Siedlung in den höher gelegenen Teilen des Gebirges nicht mehr möglich, Einzelhöfe treten an die Stelle. Das Haus wird in der Regel so an die Neigung der Berge angeklebt, daß von dem höher gelegenen Teile des Berghanges aus eine bequeme Einfahrt durch die hintere Giebelseite in das Obergeschoß, zuweilen sogar in das zweite Obergeschoß möglich wird. Die Aufteilung des Hauses in die verschiedenen Wohn- und Wirtschaftsräume ist nicht in wagerechter, sondern in senkrechter Richtung durchgeführt: in dem massiven Unterbau des Sockelgeschosses liegen die Viehställe, in den Holzwandungen darüber die Wohnräume und über diesen in dem gewaltigen Raume des mächtigen Strohdaches die Vorratsräume (*Heubühne*), auf die die vorhin erwähnte hintere Einfahrt mündet. Mit Hilfe reichlicher Anschauungsmittel überzeugen sich die Schüler davon, daß das Schwarzwaldhaus ein echtes Einheitshaus ist. Da es ferner ganz aus heimischen Baustoffen aufgeführt und auch in der inneren Raumverteilung ganz auf die heimische Viehhaltung zugeschnitten ist, was bei keiner anderen Art so in die Augen springt, läßt sich gerade am Schwarzwaldhause die große Bodenständigkeit des Bauernhauses treffend zeigen. — Ähnliche Hausformen im nördlichen Vorlande der Schweiz.

Unter steter Verwendung von Anschauungsmitteln können nun die übrigen Abarten des oberdeutschen Einheitshauses angeschlossen werden, wie sie uns auf unserer gemeinsamen „Wanderung" durch die oberdeutschen Landschaften begegnen. Schweizer, Allgäuer, Oberbayrisches (deutliches Einheitshaus!), Tiroler, Steirisches (einfache alte Form, *Rauchstube*) Haus. Bei diesen Abarten derselben Grundform wird es sich zur Hauptsache darum handeln, jedesmal das besonders Charakteristische herauszuarbeiten.

Nach diesem Gange durch die verschiedenen Landschaften der oberdeutschen Hausform führe ich die Schüler in einem neuen Behandlungsabschnitte zurück zu ihrer rheinischen Heimatprovinz, um in ähnlicher Weise von der im Norden des Rheinlandes beheimateten Abart des niederdeutschen Hauses, dem sogenannten niederrheinischen T-Hause, aus gemeinsam mit ihnen eine Fahrt durch das Verbreitungsgebiet der niederdeutschen Hausformen zu unternehmen. Auch hier ist die Anknüpfung wieder leicht, da ja die typische Grundform des niederdeutschen Hauses schon in der Einleitung vergleichsweise behandelt worden ist. Als Ausgangspunkt der Betrachtung wird man aus mehreren Gründen den Wirtschaftsteil wählen, in dessen Anordnung und Bedeutung ein weiterer grundlegender Unterschied zum oberdeutschen Hause besteht, wie überhaupt auf die Herausarbeitung charakteristischer Unterschiede zwischen beiden Gruppen besonderer Wert zu legen ist. Die Besprechung der Abarten geschieht im Zusammenhange mit den Angaben über die geographische Verbreitung.

Nach einem weiteren methodischen Einschnitte kann dann schließlich auch das ostdeutsche Haus behandelt werden, am besten dann, wenn der Geschichtsunterricht die besonderen Verhältnisse des deutschen Ostens (Völkerverschiebungen im Frühmittelalter, Kolonisationstätigkeit deutscher Stämme seit dem Mittelalter) schon genügend geklärt hat; im anderen Falle kann das im Zusammenhang mit unserer Behandlung geschehen, die ja bei den Angaben über die Ausbreitung sowohl der oberdeutschen als auch der niederdeutschen Hausform den ostdeutschen Kolonialboden mit berücksichtigen mußte. Das bereits in dieser Weise Behandelte wird jetzt wiederholt, vertieft und zusammengefaßt: Deutsche aller Stämme und Landschaften des alten linkselbischen Stammlandes haben vom 12. bis 14. Jahrhundert das slavisch gewordene Land östlich der Elbe dem Deutschtum in harter Kolonialarbeit zurückgewonnen. In das wiedereroberte Land nahm jeder Stamm die ihm in der Heimat inzwischen eigentümlich gewordene Bauform mit. Nicht nur Burgen und Kirchen und Klöster, sondern auch die bescheideneren Häuser der Bauern wurden in derselben Weise errichtet, wie die neuen Ansiedler es in ihrer Heimat geübt hatten. Im Norden (Karte I) wurde so das niederdeutsche Haus in die Küstenlande der Ostsee übernommen bis zu einer Südgrenze, die von Wittenberge a. d. Elbe über Meyenburg, Neu-Strelitz, Ueckermünde, Greifenberg, Köslin verläuft und bei Stolp das Meer erreicht. Von Mitteldeutschland aus drang in noch stärkerem

Maße das oberdeutsche Haus in die wiedergewonnenen Gebiete ein (Karte!). Aber neben diesen beiden Landstrecken mit den uns schon aus dem deutschen Stammlande bekannten Hausformen bleibt noch ein drittes Gebiet übrig, das seinen Kern im Weichsel-Nogat-Delta hat und von hier nach Ost- und Westpreußen, nach Pommern, der brandenburgischen Uckermark, nach Posen und Schlesien ausstrahlt. Das ist die Heimat des sogenannten ostdeutschen Hauses. Die auffallenden Eigenschaften dieser Hausform (*Laube, schwarze Küche, Herdofenstube*) werden den Schülern mit Hilfe von Grundrissen, Quer- und Längsschnitten, Abbildungen usw. in ähnlicher Weise wie bei den anderen Formen klar gemacht. Die Schüler finden selbst, daß das Haus kein Einheitshaus ist und daß das Wohnhaus ein Einfeuerhaus ist. Gerade an der ostdeutschen Hausform läßt sich in anschaulicher Weise an der Stellung des Herdes zeigen, daß der Herdraum die eigentliche Keimzelle des Hauses ist und daß sich aus dem Bestreben heraus, rauchfreie Räumlichkeiten zu schaffen, der heutige entwickeltere Grundriß aus dem ursprünglich einräumigen Hause durch Einfügen von Zwischenwänden gebildet hat. Denn auch bei dem mehrräumigen Grundriß behält der Herd seinen alten Platz mitten im Hause senkrecht unter dem First. Nur wurde er durch Zwischenwände von allen Seiten umbaut und verkleinert. So entstand in der Mitte des Hauses ein Raum ohne Fenster mit einem mächtigen, über ihm sich öffnenden Rauchfang, die sogenannte *schwarze Küche*. Diese Hausform muß schon in wendischer Zeit im Osten vorhanden gewesen sein, und die Wenden haben sie aller Wahrscheinlichkeit nach von den Ostgermanen übernommen, so daß wir mit Recht von einem „ostgermanischen" oder „ostdeutschen" Hause sprechen können.

Mit der Ankunft der oberdeutschen Ansiedler im Osten im hohen Mittelalter gewann nun allmählich die bedeutend überlegenere oberdeutsche Hausform Einfluß auf das ostdeutsche Haus, wie sie ja auch das niederdeutsche beeinflußt hat. Die große Überlegenheit des oberdeutschen Hauses bestand aber, wie wir gesehen haben, in der durch einen Ofen heizbaren Stube, die seit dem Mittelalter auch ins ostdeutsche Haus Eingang fand und hier neben die schwarze Küche trat. Das Bestreben aber, sich ganz von der schwarzen Küche mit ihren vielen Unzulänglichkeiten frei zu machen, hat dann in weiterer Entwicklung zu der sogenannten *Herdofenstube* geführt, die dadurch entstand, daß man den Herd in die Stube verpflanzte, so daß jetzt hier Ofen und Herd zusammenstehen. Für weite Strecken des Ostdeutschen-Haus-Gebietes ist diese Herdofenstube bezeichnend. Sie findet sich in einem breiten Streifen, der sich von Ostpreußen über Posen, den Spreewald und Schlesien bis in das deutsche Sudetengebiet hinzieht.

Damit haben wir unsere „Wanderung", die uns die Mannigfaltigkeit der deutschen Hausformen zeigen sollte, beendet. Ein zusammenfassender Vergleich der drei großen Gruppen untereinander mag die Schüler noch einmal von der größeren Entwicklungs- und Anpassungsfähigkeit des oberdeutschen Hauses überzeugen. Aufgaben zu schriftlichen Darstellungen ergeben sich wieder von selbst. Mit der Aufforderung an die Schüler, nach dieser bloß angenommenen Wanderung nun auch bei passender Gelegenheit wirklich hinauszuziehen in die deutschen Lande, um Landschaft, Siedlung, Wohnart und Volk an Ort und Stelle kennen zu lernen und auf sich wirken zu lassen, schließen wir die unterrichtliche Behandlung.

PFLANZEN- UND TIERNAMEN

VON KARL LUCAS

Die Arbeiten von Linné und seinen Nachfolgern haben auch auf dem Gebiete der Pflanzen- und Tiernamen verflacht, schematisiert, uniformiert. Die beschreibenden Naturwissenschaften bevorzugten zunächst Systemarbeiten. Durch genaue begriffliche Abgrenzung der Merkmale wurde unter Benutzung von Ähnlichkeiten und Unterschieden eine eindeutige, systematische Festlegung eines bestimmten Naturgegenstandes ermöglicht. Heute noch muß die Wissenschaft auf diesem Gebiete diesen Weg gehen, auch die, die ihr nach dieser Seite hin dienen.

Aber die Auswirkung davon! Die Wissenschaft brachte ihre Ergebnisse in abgestuftem Grade bei den einzelnen Schularten an, angefangen bei der Hochschule, endend bei der Volksschule. Dazu erschienen gedruckte Bücher. Die Verleger waren auf ein weites Absatzgebiet (rein räumlich gefaßt) bedacht. Die Verfasser mußten also so schreiben, daß der Inhalt in einem möglichst weiten Gebiete (rein sprachlich gedacht) verstanden wurde. Damit fielen alle Namen für Pflanzen und Tiere, die nur auf ein mehr örtlich begrenztes Verständnis rechnen konnten, aus. Es wurde darum meist ein ganz allgemeiner Name verwendet, der unter Umständen nur eine Übersetzung des lateinischen oder griechischen wissenschaftlichen Namens war. Die Beziehung zum Volksmunde wurde bewußt oder unbewußt vernachlässigt. Schließlich liefen zwei Reihen von Namen nebeneinander her: volkstümliche Namen, die die breite Masse des Volkes benutzte, und wissenschaftlich eingekleidete Namen, die die gebrauchten, die ein Schulwissen besaßen. Es wäre richtig gewesen, diese beiden Reihen einander nutzbar zu machen. Aber das Volkstümliche und das Schulgerechte entfremdeten sich immer mehr.

Das Schulgerechte trug daran die größere Schuld. Der Volksausdruck ward als Aschenpuddel gehalten.

Das Aschenbrödel Volksmund ward immer verlassener, in sich gekehrter und wartete und wartete. Worauf? Auf den Königssohn, der Aschenbrödels Wert auch für die Wissenschaft erkennen und es ans Licht stellen würde. Es hockte in der Asche, im Staube, trug die Verachtung, krümelte die Linsen, wartete der Vergessenen und schmückte den Altar der Vergangenheit, den es in seinem Herzensschrein errichtet hatte. Das Sinnbild der alles verstehenden Mutter Natur, die alle ihre Kinder mit gleicher Liebe umfaßt, strahlte von dem Altarbild hernieder.

Die Stunde der Erlösung aus Niedrigkeit und Verachtung hat geschlagen. Der Volksmund kommt wieder zu Ehren. Wer ihn verachtet, verachtet sich selbst. Altes Volksgut wird in seinem Werte für die Wissenschaft erkannt und gewürdigt. Volkskunde und Heimatkunde sind selbst zur Wissenschaft geworden.

Auch in den volkstümlichen Namen der Pflanzen und Tiere liegt wertvolles altes Volksgut verborgen, dem nachgespürt, das gehoben werden muß. Die Volksschule als Schule der breiten Volksmasse kann sich dieser Arbeit nicht entziehen, wenn sie sich nicht selbst untreu werden will. Daraus kommt die Aufgabe: Sammelarbeit auch auf diesem Gebiete!

Das mag für unsere Zeit, in der die meisten vom eigenen Grund und Boden losgelöst sind, schwer erscheinen. Ich erinnere aber an die Zigeuner. Sie sind wohl die Menschen in Europa, die am meisten unstät sind. Bei ihnen gilt der scheinbare Widerspruch: Sie sind nirgends und überall daheim. Sie verstehen sich inmitten eines fremden Volkes mit der Natur ganz ausgezeichnet. Diese hat ihnen überall etwas zu erzählen.

Die Volkskunde beansprucht nicht, ein besonderes Fach in der Schule zu sein, aber die bereits vorhandenen Fächer sollen durch sie vertieft werden. Wie später gezeigt werden soll, gilt das nicht nur für die mit der Naturkunde verbundenen Fächer. Alle Fächer werden eine Bereicherung erfahren können. Besonders seien genannt: Religion, Deutsch, Geschichte, Erdkunde, Naturkunde (die zur Naturgeschichte wird).

Vom ersten bis zum letzten Schuljahre kann die Volkskunde den Schüler begleiten. Auch nach der Schulzeit wird sie sich bei einzelnen wenigstens zu behaupten wissen; denn sie stellt ja als Mittelpunkt hin immer das eigene Ich im Spiegel der Vergangenheit. Sie läßt den Satz wirklich werden: Erkenne dich selbst!

Wie können nun die Pflanzen- und Tiernamen unterrichtlich behandelt und ausgewertet werden? Als Wegweiser für die weitere Betrachtung drei Sätze: 1. Jedes Ding hat einen Namen. 2. *Nomen est omen* = Jeder Name hat eine Bedeutung. 3. Sage mir, wie du heißt, und ich will dir sagen, wer du bist.

Schon im zweiten Schuljahre wird dem Kinde der Satz in irgendeiner Form eingeprägt werden: Jedes Ding hat einen Namen. Der Schüler kommt so zum Dingwort und muß sich merken, daß es stets durch einen großen Anfangsbuchstaben ausgezeichnet wird. Weiter wird er Pflanzen- und Tiernamen von Personen- und Sachnamen unterscheiden lernen.

Wenn auch zunächst beim Eintritt in die Schule die einfache kindliche Sprache noch als Brücke des geistigen Verkehrs zwischen Lehrer und Schüler benutzt wird, so wird doch von der ersten Stunde ab zielbewußt darauf hingearbeitet, dieses kindliche Ausdrucksvermögen zu heben zum kindgemäßen Gebrauche des Hochdeutschen. Auch das Mundartliche muß Schritt um Schritt dem Schriftdeutschen weichen. Die Mundart, die doch eigentlich die Muttersprache darstellt, wird meist recht kümmerlich bedacht. Unsere Kinder werden zu Zweisprachlern erzogen. Sie lernen (außerhalb der Schule) eine gewöhnliche Umgangssprache und eine gehobene Schriftsprache. Abseits steht die Kindersprache mit ihren reichen Gefühlswerten und ihren lebensvollen, bezeichnenden Wörtern.

Das kleine Kind kennt einen *Wauwau*, ein *Happhapp*, eine *Muh*, eine *Meckmeck*, eine *Hatzi* usw. In diesen Namen liegt Klang, liegt Sinn. *Nomen est omen*!

Das Kind geht dann über zum *Wauwauhund*, zum *Happepferd*, zur *Kuhmutsche* oder *Mutschekuh*, zur *Meckerziege*, zum *Hatziblümchen*. Die Namen sind noch bedeutungsvoll.

Endlich wird auch das letzte Stück kindlicher Sprache abgeworfen, und es bleibt übrig: der *Hund*, das *Pferd*, die *Kuh*, die *Ziege*, die *Blume*. Damit steht das Kind den Dingen schon ferner gegenüber.

Nach und nach wird die Märchenphantasie, die im Innern des Kindes eine besondere Welt schuf, eingeengt. Sie wird abgelöst von der Phantasie, die Bilder von der Zukunft der Wirklichkeit erstehen läßt, die auch dem Erwachsenen eigen ist, die auch das

Kino so gut zu nähren versteht. Alles drängt von innen nach außen. Der innere Mensch wird arm.

Helfen kann die Umkehr zu der Natur, die das Kind noch erlebt, zur beseelten Umwelt, mit der wir Zwiesprache halten können. Aber wie? Wirklich zurück auf jene Stufe können wir nicht mehr, wir sind ihr entwachsen. Aber Märchenaugen, Märchenohren, kurz den Märchensinn können wir pflegen. Etwas Besinnlichkeit müssen wir uns aneignen. Diese Entspannung, dieses Zurückflüchten ins Kinderland tut allen gut, auch der Schularbeit, selbst wenn es hier auf Kosten der Lückenlosigkeit der Stoffgebiete geschehen müßte.

Ist es nicht bezeichnend, daß jemand, der mit wirklicher Wärme ein Ereignis aus der Jugendzeit erzählt, plötzlich zur wörtlichen Rede greift und in seiner Mundart spricht! Er vertauscht gleichsam den Feiertagsrock mit der bequemen Hausjacke. Die Schule tut gut daran, wenn sie sich die Lebenskraft der Mundart so lange wie möglich nutzbar macht.

Bei zunehmender geistiger Reife soll aber der Blick über das eigene Kinderland hinausgreifen ins Kinderland der Menschheit, ins Ahnenland. Das ist nicht leicht. Noch sind wir es nicht recht gewöhnt. Sogar die gelehrtesten Köpfe müssen oft das Rüstzeug strengster wissenschaftlicher Arbeit benutzen, um den letzten Fragen beizukommen. Diese Besinnlichkeit ist nicht nur Ausruhen, bequemes Träumen, sondern auch scharfe Arbeit, Anstrengung. Aber auch diese Arbeit muß gleich jeder anderen geübt werden. Sie muß ein Stück von uns selbst werden. Ist es dahin gekommen, so werden wir uns ihrer nicht mehr entäußern können noch wollen.

Das Kind ißt vielleicht die runden Früchte der wilden Malve. Es bezeichnet sie aber nicht als Malvenfrüchte, sondern nennt sie *Käse* (*-käulchen, -brötchen*). Der Name *Käsepappel* für Malve ist ihm bedeutsamer. Darum bevorzugt es ihn. Der reifere Schüler soll mehr von der Käsepappel erfahren: Brunfels berichtet 1532 in seinem Kräuterbuche: *Die kleinen Bappelen seind den Kindern bekannt / die die Käslein davon sammeln und damit spielen.* Dieses Wort *Pappel* (mhd. *papale*) ist später mit unserem *Pappel* (lat. *populus*) in Verbindung gebracht worden, mit dem es ursprünglich nichts zu tun hat. Auch heute ist der Name *Pappel* und *Käse* = Käsepappel außer im Kindermund noch gangbar, z. B.: *Augenpappeln* (Schlesien), *Chäspappala,*

Chäslichrut (St. Gallen), *Gänspappel* (Österreich), *Hanfpappela* (Schlesien), *Haosenpöppel* (Altmark, Mecklenburg), *Hasenpappeln* (Ostpreußen, Schleswig/Holstein), *St. Johannispappeln* (Schlesien), *Käslikraut* (Berner Oberland), *Käseköpfe* (Oldenburg, Unterweser), *Käsenäpfchen* (Mark Brandenburg), *Käsepappeln* (Schlesien), *Käskräutchen*, *Käskraut* (Eifel), *Käsle* (Memmingen), *Katten* (= Katzen)*käse* (Göttingen, Unterweser), *Kattenkees*, *Kattenkese* (Altmark, Schleswig/Holstein), *Katzenkäsichen* (Ostpreußen), *Keskrut* (Altmark), *Kessker*, *Kesskrokt* (Siebenbürgen), *Pappelkrokt* (Siebenbürgen), *Poppeln* (Unterweser), *Schapskese* (Mecklenburg), *Zuckerplätzcherkraut* (Eifel).

Es wird leicht erkannt werden, daß im Gebiet der deutschen Sprache die Namen einheitlich die beiden Merkmale des schleimigen Saftes (*Pappel*) und der etwas süßlich schmeckenden rundlichen Früchte (*Käse*) ausdrücken. *Nomen est omen*!

Auch der Gelehrte beschäftigt sich mit den Malven. Er stellt fest: diese Pflanzen müssen schon in alter Zeit besonders in diesen beiden Merkmalen erkannt worden sein. Sie gehören zu den Pflanzen, die gern am oder im *Hag* (*Gehäge* = Gehege) wuchern, der die Wohnstätte umschließt. Sie dienten den Alten zur Nahrung (Rohkost) und zur Linderung des Schmerzes. Die an Stärke, Zucker und Fett ausgezeichneten Pflanzen wurden am ehesten benutzt. Hunger und Schmerzen trieben den Menschen an, pflanzliche und tierische Nahrung zu sich zu nehmen. Tierische Nahrung stillt den Hunger schneller als pflanzliche. Aber die Pflanze läßt ihre Heilkräfte leichter erkennen. Hunger, Schmerz (und später, als die betäubenden Wirkungen erkannt wurden, auch die Liebe) sind die Lehrmeister der Pflanzen- und Tierkunde der Alten gewesen. Was wir heute bei den Kindern beobachten können als Spiel, das war ehedem allgemeiner Brauch in den Kindheitstagen unseres Volkes.

Damit stehen wir mitten im Schulbetriebe. In den ersten beiden Schuljahren werden wir das Gebiet der volkskundlichen Namen als ein ganz seichtes Wasser ansehen müssen. Die Kinder spielen mit Pflanzen und Tieren und wissen mancherlei Reime. Siebenpunkt (*Coccinella*) und Maikäfer sind beliebt. Die Reime werden vorgenommen. Gelegenheit dazu kann ein Unterrichtsgang geben. Die Namen werden gesammelt. Wir werden erhalten: *Herrgottschäfchen*, *Herrgottkälbchen*, *Marienkäfer*, *Himmelmutsche*, *Himmelmötsche*, *Himmelmiezchen*, *Himmelkichl*, *Him-*

melküchl. Kichel = Küh'chel = kleine Kuh (cf. *Mutsche, Mötsche*). Himmel, Herrgott, Maria: abfliegen vom Finger nach dem Himmel. Ebenso beim Maikäfer der gleiche Reim. Dazu *Kaiser, Franzose, Müller.* Kellerassel: *Maueresel, Kellerschaf.* Mit dem Namen *Assel* kann das Kind keine Bedeutung verbinden. Specht: *Boomheckrich* (*heckern* = klettern). Birke: *Maie, Pfingstbaum.* Schmeißfliege: *Brummsummsel, Brummer* (auch allgemeiner Name). Hahnenfuß, Löwenzahn, Dotterblume: *Butterblume.* Maiglöckchen: *Tschaupe, Zaupe, Zäupchen, Zauke.* Elster: *Aalaster, Oalaster.* Kartoffelbrei: *Aapernpappe, Aapernpepse, Aaparnpappenbemme* = Brotschnitte mit Kartoffelbrei (Dieses Beispiel zielt hin zu den Angaben über Malve). Kartoffelfrüchte: *Schnellerchen* (Sie werden auf eine schwuppige Rute gesteckt und fortgeschleudert). Löwenzahn: *Hundeblume, Laterne, Kettenblume, Pfiepe, Maistock, Milchstock.* Blütenstände von Weide usw.: *Kätzchen, Maikätzel, Miezchen, Mähschäfchen, Lämmerschwänzchen.* Brombeere: *Kratzbeere.* Weißdornfrüchte: *Mehlfässel.* Hasenklee: *Meizeltee, Miezeltee.*

Alle diese von den Kindern gebrauchten Namen sind bedeutungsvoll, da sie allesamt auf irgendein Merkmal zielen. Die allgemeinen Namen verblassen dagegen. Etliches wird auch in späteren Jahren wieder vorgenommen werden, z. B. *Tschaupe* (slav. = Grindkraut), *Aalaster* mhd. *Ag(e)laster.* Beachtlich ist auch, daß der Name *Löwenzahn* nicht erscheint. Diese Sammlung sollte durch alle Schuljahre fortgesetzt werden. Damit wird schließlich ein Pflanzen- und Tiernamenverzeichnis der Heimat erreicht werden, das sich nicht nur im Unterrichte der Volksschule auswerten läßt, sondern auch weitergehenden Ansprüchen wertvolle Unterlagen bieten kann. Sind die Kinder einmal daran gewöhnt, auch mundartlich aus sich herauszugehen, dann wird das Brünnlein schon fließen. Oft gelingt es auch, durch die Kinder die Eltern zum Reden zu bringen.

Vom dritten Schuljahre ab wird versucht werden können, von den Kindern einen genaueren Grund für die gebrauchten Namen zu erfahren. Vielleicht können hier schon einige Bastlösereime erlangt werden. Beobachtungen auf Unterrichtsgängen, geeigneter Stoff in Lesestücken, echte Pflanzensagen in sprachlich einfacher Form sind hier angebracht (*Kreuzschnabel, Distelfink* = Stieglitz, *Zitterpappel* = Espe).

Besser lassen sich schon im vierten Schuljahr die Namen auswerten. Die Kinder werden sprachlich freier. Die Heimatkunde hat vielleicht Ausdrücke wie *Tännicht, Erlicht, Weidicht, Birkicht, Röhricht — Wolfsschlucht, Lachsbach* usw. gebracht. Es lassen sich auch leicht zu deutende Pflanzennamen bieten. Schilf (*Arundo*): *Maurerschilf* (Bauhandwerk), *Schreiberrohr, Schreiberried* (Schreibkunst), *Schalmeienrohr* (Musikinstrumente). Hierzu können Versuche treten: aus dem Rohr ein Schreibgerät herstellen, desgl. Pfeifen, Flöten aus Weide (Bastlösereime), Löwenzahn, Kälberkropf, Buchenblatt, Grashalm.

Im fünften Schuljahr wird das Vaterland betrachtet, ferner setzt Geschichte ein. Hier läßt sich schon etwas mit Gesamtbetrachtungen erreichen. Als Beispiel diene der Löwenzahn (*Taraxacum*). Der schulgerechte Name ist Löwenzahn. Wer sich einmal der Mühe unterzieht, diese Pflanze an verschiedenen Standorten aufzusuchen, wird finden, daß der Blattzahn gar kein so ausgesprochenes allgemeines Merkmal ist. Im Volke gehen darum auch eine große Anzahl anderer Namen um, die sich mit großer Zähigkeit halten. Löwenzahn bleibt Schulausdruck.

Nach Dauerbeobachtungen hat eine Besprechung der Pflanze stattgefunden. Durch eine verborgene Wiederholung soll festgestellt werden, ob die Arbeit erfolgreich war. Gleichzeitig soll das Sprachgefühl für andere deutsche Mundarten geweckt werden. Also Satz 3: Sage mir, wie du heißt, und ich will dir sagen, wer du bist. Aufgabe: Versucht die Namen, die ich jetzt nennen werde, auf den Löwenzahn zu deuten! *Hundeblume, Hunneblöme, Saustock, Saublüml, Schweinsblume, Schweinstöckel* (Hierzu können auch Ortsangaben gegeben werden. Durch sie geht den Kindern eine Ahnung über die Verbreitung einer Pflanze auf; auch der Atlas kommt zu seinem Rechte). Diese Namen zu deuten, wird nicht ganz leicht sein, da heute die Ausdrücke *Hund, Sau, Schwein* nicht mehr überall für Zusammensetzungen in der Bedeutung „gewöhnlich, gemein" gebräuchlich sind. Es könnte an *hundsgemein* erinnert werden, das demnach heißt: gemeingemein = sehr gemein, ganz gemein, ganz gewöhnlich. Also: Häufiges Vorkommen. *Butterblume, Botterblome, Dotterblume, Eierblume, Eierbusch, Gäldickkopp*: Gelbe Farbe der Blüte. *Milachbluama, Milchdistel, Milldistel, Milchrödel, Saumelke*: Weißer Milchsaft — auch der Gedanke, daß die Pflanze die Milchleistung fördere. Gute Futterpflanze (Kaninchen!).

(Nur der Vollständigkeit wegen sei aufgeführt: *Bettseger, Bettseicher, Saichblümel, Seicherin, Mistfinke*: Glaube, der Saft befördere den Abgang von Kot und Harn). *Haardocken, Laternenblume, Lichtel, Pustblume, Schäfchenblume*: Haariger Fruchtstand. *Sonnenwirbel, Sonnenwurzel, Sonnenwurz*: Blütenstellung nach der Sonne. *Chettenablume, Katnbleamen* (Siebenbürgen), *Kettenblume, Kedenblom*: Kinderspiel mit Ineinanderstecken der hohlen Blütenstiele. *Mönchsblum, Mönchskopf, Münchsblatten, Münchsblumen, Münchshaupt, Papenplat, Papenplatte, Pfaffenblatt, Pfaffendistel, Pfaffenkraut, Pfaffenkron, Pfaffenrörlin, Pfaffenstiel*: Kahler Blütenboden= Kopf des Geistlichen und Mönches mit der Tonsur. *Märzeblum, Maistock, Majabluma, gel Maienblume*: Erstes Erscheinen der Blüte. *Kühblumen, Kuhblume, Kuhbuschen, Pärdeblome, Pferdeblume, Roßblum*: Vorkommen auf Viehweiden. *Säuschnabel. Saurüssel, Sauschnabel*: Form der Knospe vor dem Öffnen, auch die des geschlossenen Blütenstandes bei Regenwetter. *Augenwurz, Augenwurzel*: Mittel gegen Augenflecken bei Mensch und Tier. Die Wurzel wurde um den Hals getragen. *Lewenzan* = Löwenzahn wurde schon im 16. Jahrhundert als Buchname angesehen.

Aus diesen Namen ist zu ersehen, daß das Volk die Eigentümlichkeiten bestimmter Pflanzen scharf erkannte und mit treffenden Namen zu belegen wußte. Je mehr Beziehungen der Mensch einst zu einzelnen Pflanzen anknüpfte, desto mehr Namen gab er ihnen. Pflanzen, die keine (echten) volkstümlichen Namen aufzuweisen haben, haben einst in keiner bestimmten Beziehung zum Menschen gestanden. Sie waren schlechthin Gras und Kraut.

Bei manchen Pflanzennamen wird zur Erklärung ein Märchen, eine Sage herangezogen werden müssen, die ja wiederum nur eine Umschreibung dichterischer Art (Volksdichtung) für die gemachten Beobachtungen darstellen, z. B. bei der *Wegwarte* = Zichorie. Aus der Menge der vorliegenden Namen seien nur herausgegriffen: *Verfluchte Jungfer, Wegeleuchte, Weglug, Wegwarte, Wegwurz, blauer Sonnenwirbel, Sonnenwedel.* Hierzu einige Bruchstücke aus den entsprechenden Märchen; sie sollen die Deutung den Kindern ermöglichen: Eine Königin weint sieben Jahre um ihren erschlagenen Gatten und wird darauf zu dieser blauen Blume — oder: „Gott straft sie fest, Gott straft sie hart, wie sie zu einer Blume ward. Vormittags blühte sie hellblau, nachmittags blühte sie dunkelblau. Er ließ sie stehen bei Regen und Schnee, wo alle Leute vorübergehn" — oder: *Czekanka* (= Wegewarte) gewahrt in ihrem Spiegel, daß ihr Geliebter von einem Nebenbuhler im Altvaterwalde ermordet worden ist. Sie ersticht sich an der Leiche und wird zu einer Wegwarte — oder: Ein Mädchen betrauert die Mutter unmäßig. Es erwidert der Jungfrau Maria auf ihren Trost: *Eh ih thues Woan af hen, wul ih liebar zara Wögwart wen*! — oder Die um den ungetreuen Liebhaber wartende und trauernde Königstochter wird eine weiße, ihre Jungfrauen aber werden blaue Wegwarten — oder: Die vom geliebten Phöbus verschmähte Clytia wartet neun Tage vergebens auf derselben Stelle, nur den Blick zur Sonne wendend, bis sie sich in eine Blume verwandelt, die immer zum Sonnenlichte emporstrebt (*Solsequium*).

Sicher wird auch der Name *Springwurz* auftreten, der verschiedenen Pflanzen zugeschrieben wird, z. B. dem Farn, dem Salomonssiegel, dem Diptam. Hier muß zur Sage gegangen werden, um das Verständnis des Namens zu fördern. Grimmsche Sagen Nr. 9: Die Springwurzel erhält man dadurch, daß man einem Grünspecht (Elster oder Wiedehopf) sein Nest mit einem Holz zukeilt. Wie der Vogel das bemerkt, fliegt er alsbald fort und weiß die wunderbare Wurzel zu finden, die ein Mensch noch immer vergeblich gesucht hat. Er bringt sie im Schnabel und will sein Nest damit wieder öffnen; hält er sie nun vor den Holzkeil, so springt dieser heraus, wie vom stärksten Schlag getrieben. Hat man sich versteckt und macht nun, wie er herankommt, einen großen Lärm, so läßt er sie erschreckt fallen. Man kann aber auch nur ein weißes oder rotes Tuch unter das Nest breiten, so wirft er sie darauf, sobald er sie gebraucht hat.

Überhaupt werden Sagen und Märchen manche gute Ausbeute ergeben. Es können auch die Namen vorweg geboten werden. Die Schüler haben dann die Aufgabe, ihre Berechtigung nachzuprüfen.

Alljährlich hören wir zur Pilzzeit von der Zwiebelprobe zur Erkennung der giftigen Pilze. Hier können wir einmal in den beiden letzten Schuljahren auf die Bedeutung der Lauchgewächse zu sprechen kommen. Sie dienten einst zur Erkennung von Giftkräutern in der Speise; sie waren aber auch die Konservierungsmittel. Das erstaufgetragene Gericht (Suppe) war mit Lauch versetzt. Auch dem Getränk wurde Lauch beigegeben, um festzustellen (durch die Verfärbung!), ob im Mettrank ein Mordgewürze (= *Lüppe*) enthalten sei. Heute begegnet uns dieser alte Glaube in der Zugabe von Zwiebelschnitten zu Pilzgerichten. Hier kann aber die Zwiebel nicht helfen.

Noch einige Namenreihen seien angefügt. Stiefmütterchen: *Dreifaltigkeitsblume* (gelbes Auge, Dreieck, schwarze Strahlen), *Freisamkraut* (das alte *freisa* = Gefahr, Schreck, also Schreckkraut), *Stiefmütterchen* (Stellung der fünf Blütenblätter), *Schwiegerli* (dsgl.), *Schöngesicht, Mädchenauge, Lieb-G'sichtli*. Lungenkraut: *Hirschmangold* (Hirschgemüse), *Unserer lieben Frauen Milch* (weiße Schattenflecken auf den Laubblättern), *Ähnl* und *Ahnl, Tag- und Nachtblümel, Fleisch und Blut* (Verfärbung der einzelnen Blüten vom Rot zum Violett), *Bayern und Franzosen* (dgl. Bayern blaue, Franzosen rote Hosen). Wegerich: *Hasenohr, Schafzunge, Lämmerzunge* (Blattform), *Aderkraut, Fiefadernkraut, Ribbekeblätter, Siebenrippe, Rippenkraut* (Gefäßstränge), *Heufresser, Heudieb, Heuschelm* (die Blattrosette unterdrückt den Graswuchs).

Zaunkönig: *Zaun-, Schnee-, Winter-, Dorn-, Nessel-, Meisen-, Schlupfkönig — Zaunsänger, Zaunschlüpfer, Thomas im Zaune*. Jeder Name läßt eine Lebensäußerung dieses kleinen Gesellen anschaulich werden. Das beweist, daß sich der Mensch reichlich mit ihm beschäftigt haben muß. Dieser Vogel ward weder für nützlich noch für schädlich gehalten, und doch errang er sich die Aufmerksamkeit des Menschen, der mit der Natur noch auf Du und Du stand. Bachstelze: *Bach-, Weiß-, Grau-, Blau-, Haus-, Stein-, Wasserstelze* (Aufenthaltsort — Gang — Farbe), *Klosterfräulein, Nonne, Ackermännchen* (dgl.), *Wege-, Wasser-, Quäk-, Wippstrz, Bebeschwanz* (eigentümliche Schwanzbewegung).

Welche Einsichten können bei einer Behandlung, wie ich sie hier angedeutet habe, als Ergebnis gebucht werden?

Die Dinge haben meist nicht nur einen Namen.

Jeder Name hat seine Bedeutung.

Sage mir, wie du heißt, und ich will versuchen, dir zu sagen, wer du bist.

Die Namen gab der Mensch.

Je mehr Beziehungen, desto mehr Namen — und umgekehrt.

Die Menschen waren früher mit ihren Haustieren viel mehr vom Gedeihen der heimischen Pflanzenwelt abhängig als heute.

Hunger (Liebe) und Schmerz trieben an, alles Genießbare zu erproben. Das Vorbild waren oft die Tiere.

Nahrungs- bzw. Futtermangel waren ein Unglück, Gedeihen der Nahrung bedeutete Wohlergehen für den Menschen und seine Tiere (Haustiere und Wildtiere).

Der Mensch verband Mangel und Wohlergehen mit Huld oder Groll der (Ahnen-)geister.

Er suchte die Huld zu erhalten, den Groll zu besänftigen durch Opfer.

Das, was den Menschen gut nährt, macht ihn gesund, zeugungskräftig; es ist darum auch heilsam.

Die im Schutze der Hausgeister, also in der Nähe der Wohnstätte wachsenden Pflanzen waren besonders geschätzt.

Die Bäume boten Nahrung, Heilung, Obdach (Über den Baumkult wäre eine besondere Abhandlung zu schreiben).

Die mit Stärke (*Amylum*), Zucker oder Fett reich versehenen Pflanzen sind besonders wertvoll für Tier und Mensch.

Die Nahrungsmittel werden konserviert a) durch Zusätze (Wacholder, Lauch), b) durch Trocknen, c) durch Rösten oder Braten, d) durch Zusatz von Honig.

Dies gilt besonders für die Pflanzen, die vor der Kolonisation Deutschlands bekannt waren.

Manches von diesen alten Anschauungen tragen wir als die zur Zeit letzten Glieder unserer Ahnenreihe in uns.

Das alles läßt uns im Spiegel der Vergangenheit selbst erkennen.

Selbsterkennntis ist wertvoll.

Darum wollen wir das alte Ahnengut hegen und weitergeben an die kommenden Glieder unserer Ahnenreihe.

WEIHNACHTEN

VON KARL WEHRHAN

VORBEMERKUNG

Den neuzeitlichen Anforderungen des sogenannten Arbeitsunterrichts entsprechend wird sich die folgende Lehrprobe in der Wirklichkeit mehr zu einem Lehrgespräch gestalten, zu einer Unterhaltung zwischen Lehrer und Schüler. Auf diese Weise kann manches erarbeitet, Tatsachen aber müssen gegeben, Stimmungen erlebt werden.

Zunächst wird den Kindern der bereits bekannte Vorstellungskreis wieder zum Bewußtsein gebracht und dann in der Darbietung erweitert, berichtigt, geklärt und geordnet. Dabei ist die erkenntnismäßige Tätigkeit nicht die Hauptsache; denn es kommt nicht auf die Summe der angeeigneten und aufgenommenen Vorstellungen an, sondern auf die Überzeugung, daß all das Brauchtum, die gesamte volkstümliche Weihnachtsfeier nicht nur etwas Äußerliches, sondern der Ausdruck des inneren Wesens ist. Dadurch sollen die für das ganze Gebiet so wichtigen Gefühls- und Willenserregungen wachgerufen werden, woraus eine Bereicherung und Vertiefung des inneren Lebens hervorgeht und wodurch die Ehrfurcht vor dem Überlieferten gepflegt, der innere Wert der volkstümlichen Weihnachtsfeier nicht nur erkannt, sondern gefühlt wird.

I. EINLEITUNG

Lehrer: Wir gehen einem schönen Feste entgegen! — Kinder: Weihnachten! — Ja, dann kommt der Weihnachtsmann. — Aber vorher kommt der Nikolaus! — Da stelle ich meine Schuhe ans

Fenster, dann ist am anderen Morgen ein Stück Zucker drin. — Ich setze einen Teller hin und finde am nächsten Tage einen Apfel oder eine Nuß darauf. — Im vorigen Jahre haben wir auf der Straße ein Nikolauslied gesungen, und Nachbars Fritz hatte eine Maske mit einem langen Barte; da haben wir uns gefürchtet. — Ich war bei meiner Großmutter auf dem Lande, da kam ein Schimmel, der sehr spaßig war. Die Männer sammelten Futter für ihn, aber er fraß weder Heu noch Hafer, sondern wollte nur Würste und Speck und Äpfel und Nüsse. — Meine große Schwester hat einige Wochen vor Weihnachten, ich weiß den Tag nicht mehr genau, Zweige ins Wasser gesteckt, es waren Kirschzweige, und sie haben an Weihnachten geblüht. — Und wir haben voriges Jahr einen Kranz aus Tannenzweigen gebunden; das war der Adventskranz . . .

In dieser Weise tragen die Kinder aus ihren Erinnerungen heraus allerlei Erlebnisse von früheren Weihnachtsfeiern zusammen, erzählen von Misteln, Stechpalmen und anderen grünen Zweigen, vom Weihnachtsbaum und dem, was darauf hängt, von Neujahr, von hl. Dreikönige, von Backwaren, von der Krippe, vom Ausschneiden und Aufkleben bunter Bilder, vom Schnitzen der Schäfchen und Kälbchen, vom Läuten der Glocken in der heiligen Nacht, vom Singen der verschiedenen Lieder usw. usw. Vielleicht ist auch das eine oder andere Kind dabei, das Erfahrungen vom Bauernhofe gesammelt hat, wie die Ackergeräte in der Weihnachtszeit aus dem Freien in die Scheune gebracht werden, wie man die Apfelbäume mit Strohseilen umwindet usw. usw. Aus diesen einzelnen Mitteilungen vermag der Lehrer mit den Kindern das Bild einer volkstümlichen Weihnachtsfeier aufzubauen.

II. ZIELANGABE

Ihr wißt alle, liebe Kinder, wie schön das Weihnachtsfest ist. Es ist das lieblichste unserer Feste, auch ein echt deutsches Fest geworden. Die ganze Weihnachtszeit wurde von einer Fülle sinniger Gebräuche umrankt; der glänzende Lichterbaum, die Überraschungen beim Schenken, die lieblichen Weihnachtslieder, alles das in Verbindung mit der tröstlichen Botschaft von der wunderbaren Erscheinung des göttlichen Kindes mitten im kalten, dunklen Winter nimmt uns gefangen. Es scheint, al ob der Himmel auf die Erde herabgestiegen wäre und die trübe, dunkle und kalte Winterzeit von einem hellen, freudespendenden warmen Himmelslicht erhellt würde.

Nun wollen wir hören und sehen, wie das schöne Fest so geworden ist, wie wir es heute feiern, und welche Bedeutung die verschiedenen Bräuche haben.

III. DARBIETUNG

Wenn der Herbst vorbei und die Ernte eingeheimst ist, werden die Tage immer kürzer, die Nächte immer länger. Die Sonne zieht sich mehr und mehr zurück und droht ganz zu verschwinden. Mit ihr nehmen Licht und Wärme, die wichtigsten Dinge für das menschliche Dasein, ab. Das Leben draußen erstirbt, die Natur begibt sich zur Ruhe.

Die Vorgänge in der Natur rufen ernste Stimmungen im Menschen wach. Die Nichtigkeit alles Irdischen tritt so rceht fühlbar in die Erscheinung. Gedanken an Abschied und Tod durchziehen des Menschen Herz.

Das ist seit jeher so gewesen; denn es ist allgemein menschlich. Schon unsere germanischen Vorfahren haben in dieser Zeit wohl ihr großes Totenfest gefeiert. Dann öffnete sich nach ihrem Glauben das Totenreich. Die Verstorbenen nahmen als Geister die Verbindung mit der Welt und den noch lebenden Menschen wieder auf; sie machten sich bemerkbar. Wenn der Sturm heulend durch die Wipfel der Bäume rauschte, dann meinten unsere Ahnen, die Heere der Seelen sausten durch die Lüfte, geführt und geleitet von dem Windgotte Wodan und begleitet von allerhand finsteren Geistern.

Die bösen, die unheimlichen Geister machen sich in dieser Zeit bemerkbar und suchen die Menschen in ihren Bann zu ziehen, kämpfen gleichsam um ihre Seelen, um ihren Besitz. Das wilde Heer tobt in den Lüften und droht mit Unheil. Wer sich aus dem schützenden Hause wagt, kommt in die Gewalt der Unholde und wird von unheilbarem Siechtum befallen. Wer seine Neugier nicht zügeln kann und die mit menschlicher Stimme redenden Tiere belauscht, ist nach wenigen Tagen dem unrettbaren Tode verfallen.

Anklänge an den Geisterglauben unserer Ahnen finden sich noch heute zahlreich genug. Der Bauer geht vielerorts in der Christnacht in den Obstgarten und achtet darauf, ob die Wipfel der Bäume vom Winde bewegt werden, denn dann werden sie nach altem Glauben im nächsten Jahre reiche Früchte tragen. Rühren sich die Bäume aber nicht, so rüttelt er an den Stämmen, damit sich die Zweige bewegen. Sturm und Windesrauschen in den heiligen Nächten deutet überhaupt ein fruchtbares Jahr an. — In dieser Zeit erscheinen Gespenster häufiger als in anderen Zeiten des Jahres. Verkleidete Gestalten ziehen dann mit Lärm und Getöse umher, um die bösen Geister zu verscheuchen.

Wenn die Gottheiten, besonders Wodan und seine Gemahlin Holda, ihren Umzug durch die Lande hielten, mußte tiefster Frieden herrschen, mußte selbst alle Arbeit ruhen. Die Götter hätten denjenigen bestraft, der seine Hände in dieser heiligen Zeit zur alltäglichen Beschäftigung gerührt hätte.

Noch heute finden sich zahlreiche Überreste dieser Anschauungen. Wagen und Karren, Pflüge und Eggen, überhaupt alle Ackergeräte, müssen unter Dach und Fach gebracht werden und dürfen nicht außerhalb des Hauses auf dem Acker oder sonstwo stehen. Die Dreschflegel, Gaffeln und andere Werkzeuge bleiben in dieser heiligen Zeit in Ruhe an den für sie bestimmten Haken und Pflöcken auf der Tenne des Bauernhauses hängen. Es darf nicht gewaschen und keine Wäsche zum Trocknen aufgehängt werden. Frau Holle achtet sehr darauf, daß das sonst so emsig schnurrende Spinnrad stillsteht und der Spinnrocken voll Flachs ist: *So manches Haar, so manches gute Jahr.*

Das Haus selbst muß in den Zwölften (siehe S. 48) sauber und rein gefegt, die Küche blitzeblank sein, sonst gibt es Unglück.

Die Wintersonnenwende war für unsere Vorfahren eine heilige Zeit. Karl der Große nannte den Dezember den heiligen Monat (*heiligmanoth*). Die Götter stiegen auf die Erde nieder und bedachten die Natur mit ihrem Segen. Es war für die Menschen auch darum eine Zeit der Freude, der auf mannigfache Weise Ausdruck verliehen wurde. So flammten auf den Bergen die Sonnwendfeuer auf, die später zu Weihnachtsfeuern wurden. Die Asche wurde sorgfältig gesammelt und auf die Felder gestreut, die dadurch fruchtbar wurden. In einigen Gegenden legen die Leute in der Christnacht noch heute einen kräftigen Holzblock, den *Jul-*, *Christ-* oder *Metteblock*, der das ganze Jahr gegen Gewitter und Wassernot nützt, ins Feuer, und seine Asche wird ebenfalls aufs Feld gestreut.

Die allgemeine Freude fand ihren Ausdruck ferner in üppigen Schmausereien und festlichen Trinkgelagen am winterlichen Julfeste, wie ja heute am Weihnachtsfeste noch Küche und Keller das Beste liefern, was sie hergeben können.

Die Weihnachtszeit ist die Zeit, da neuer Segen über die Erde ausströmt, Segen aus der Natur und Segen von oben. Das wird sinnbildlich durch das zahlreiche Grün angedeutet, das in der Weihnachtszeit eine Rolle spielt, z. B. die am Andreas- oder Barbaratage (30. November und 4. Dezember) ins Wasser gestellten, in der Zimmerwärme bis Weihnachten zum Blühen gebrachten Kirsch- oder Pflaumenzweige, der grüne Adventskranz, die Tannen-, Mistel- oder Stechpalmenzweige. Das Grün ist ein Sinnbild des neuen Lebens, das über die Erde kommen soll. Ähnliche Bedeutung haben die brennenden Lichter, die gleichsam das Blühen der Bäume versinnbildlichen: die Lebenskraft ist so stark, daß der Baum selbst mitten im Winter zum Blühen gebracht wird. Die ganze Natur bekam nach dem Glauben unserer Vorfahren gleichsam Leben. Mitten im kalten Winter, bei Eis und Schnee, trugen bestimmte Apfelbäume Blüten und Früchte zugleich, allerdings nur eine Stunde lang. Noch heute gibt es vielfach Sagen von gewissen Apfelbäumen, an denen man das Wunder beobachtet haben will; allerdings können das nur solche Leute, denen die Gabe dazu verliehen worden ist. Die rotbäckigen Äpfel, die wir gern an den Christbaum hängen, deuten sicherlich mit auf den alten Glauben hin.

Auch die unvernünftigen Tiere spüren den Segen der Gottheit; ihnen ist in der Christnacht die Sprache verliehen. Um Mitternacht sinken — eine christliche Umgestaltung heidnischen Glaubens — die Haustiere, besonders Pferde und Ochsen, auf die Knie und preisen Gott mit menschlicher Stimme; doch darf man sie nicht belauschen, sonst wird man vom Unglück verfolgt.

So erfreut sich die ganze Natur in der Zeit der Wintersonnenwende der besonderen Gunst der Gottheiten.

Weihnachten ist in der christlichen Kirche ursprünglich nicht gefeiert worden, da das Wintersonnwendfest ja heidnisch war. Die Anregung zu dem schönsten Feste der Christenheit ist vielmehr von weltlicher, von heidnischer Seite gekommen.

Für uns gilt der 25. Dezember als der Geburtstag des Christkindes. Dieser Tag war schon in alten Zeiten zeitweise der Anfang des neuen Jahres. Da die Erscheinung des Heilandes ja im geistigen Sinne den Beginn einer neuen Zeit einleitet, so ist sein Geburtstag, in übertragener Bedeutung, der erste oder der Neujahrstag, der Anfang einer neuen Zeit, und darum hat man diesen Tag als Geburtstag des Heilandes festgesetzt (Der Anfang des bürgerlichen Jahres war in früheren Jahrhunderten in den verschiedenen Ländern nicht gleich. Wir fangen unser Jahr am 1. Januar an. Im Jahre 1310 setzte die Kölner Synode den Beginn des bürgerlichen Jahres z. B. auf Weihnachten fest, während er bisher in der Osterzeit gelegen hatte, und sie tat das, weil Weihnachten als der Geburtstag des Heilandes gilt. Schon in alten Zeiten hatte man diesen Geburtstag auf den 25. Dezember festgelegt, weil dieser Tag damals der Neujahrstag war).

Die Festsetzung gerade auf den 25. Dezember wurde unterstützt durch die alte, allgemein volkstümliche Ausdrucksweise, die wieder höher steigende neue Sonne als Kind zu bezeichnen und den neu beginnenden Jahreslauf der Sonne als Lebenslauf anzusehen; die Sonne wurde gleichsam neugeboren. Das Kind Jesus wird im kirchlichen Sinne das neue Licht genannt, das in die Welt gekommen ist, das neue Licht, das nach allen Seiten strahlt. Was die Sonne für die Erde, ist Jesus für die Seele. Der 25. Dezember ist darum gleichzeitig der Geburtstag der Sonne und der volkstümliche Lichttag.

Bedeutungsvoll ist der Name des Festes. *Weihnachten* ist eine Mehrzahlbildung und kommt her von „geweihter Nacht". Die Mehrzahl deutet darauf hin, daß nicht nur eine Nacht als heilige oder geweihte Nacht angesehen wurde, sondern die ganze Zeil als heilig galt. Bei den alten Deutschen wurden etwa zwölf Nächte als die heiligen Nächte betrachtet, die *Zwölften* genannt, die Zeit vom 25. Dezember bis 6. Januar, vom Weihnachtsfeste bis zum Tage der heil. drei Könige. In diesen Tagen häuft sich die ganze Fülle der Bräuche. In dieser Zeit wird der Kalender für das ganze Jahr gemacht, d. h. die Witterung der einzelnen Tage ist vorbedeutend für das Wetter der kommenden zwölf Monate.

In dieser geheimnisvollen Zeit erschloß sich den Menschen nach dem Glauben unserer Vorfahren überhaupt die Zukunft. Noch heute suchen manche Menschen, besonders junge Mädchen, durch Bleigießen, durch brennende Lichtchen, durch Klopfen u. a. im voraus zu erfahren, wie sich ihr späteres Leben gestalten wird.

Nach dem in vielen Gegenden herrschenden Volksglauben soll sich das Wasser in der Christnacht zu Wein verwandeln. Von dem in dieser Nacht geschöpften Wasser hegt man die Meinung, daß es heilkräftig sei und sich jahrelang gut und frisch halte.

Es hat sich noch manches aus dem alten Brauchtum in unsere Tage hinübergerettet. Die reichen Mahlzeiten dieser Zeit stehen mit dem Segen im Zusammenhange, den man von diesen Tagen erwartet. Seit altersher werden zur Weihnachtszeit auf dem Lande Schweine geschlachtet und Jagden auf Wildschweine abgehalten; an den verschiedensten, dem Weihnachtsfeste naheliegenden Tagen finden üppige Mahlzeiten statt, so an Nikolaus, an Hl. Dreikönige u. a. Erwähnt soll noch werden, daß in allen Gegenden um die Weihnachtszeit herum besondere Märkte liegen, die sich im Volke großer Gunst und zahlreichen Zulaufs erfreuen und an denen ebenfalls üppig gelebt wird.

Verhältnismäßig jung sind zwei Bräuche des Weihnachtsfestes, die heute zu den lieblichsten gehören, nämlich die Bescherung der Kinder und der Christbaum.

Auch die Geschenke an Weihnachten deuten auf den Segen hin, den diese Zeit bringt. Mit den Geschenken verbindet sich zugleich der Wunsch, sich die Gunst anderer Menschen zu erwerben oder sie zu erhalten, damit man in dem neuen Lebensabschnitte auch von ihnen Gutes erfährt. Schon aus dem 15. Jahrhundert wird uns berichtet, wie sich die Nachbarn am Weihnachtsfeste untereinander beschenken, und Martin Luther fragte sein Töchterchen Lenchen, was sie sich zum hl. Christ wünsche.

Den geschmückten und mit brennenden Kerzen besteckten Weihnachtsbaum kennt man in der uns heute geläufigen Aufmachung erst seit etwa drei Jahrhunderten. Zuerst wird uns aus dem Elsaß, aus Straßburg, im Jahre 1605 berichtet, daß man in den Stuben Tannenbäume aufstellte, die man mit buntfarbigem Papier, mit Äpfeln, Zucker usw. behing. Aber sehr lange dauerte es, bis der Weihnachtsbaum seinen Siegeszug durch die deutsche Welt ausführen konnte. Noch in der Mitte des vergangenen Jahrhunderts war er auf dem Lande eine Seltenheit, und nur die reichsten Bauern leisteten sich einen brennenden Weihnachts- oder Lichterbaum.

Eine alte schöne Sitte ist, besonders in Süddeutschland, die Krippe, die Darstellung der Geburt des Heilandes, die das

Leben der heiligen Familie anschaulich, schlichtinnig und anmutig vor Augen führt. Da knien die frommen Hirten neben ihren Schafen vor dem einfachen Holzkripplein, hinter dem Maria und Joseph zu sehen sind; da bringen Kaspar, Melchior und Balthasar, die bekannten Weisen aus dem Morgenlande, unter denen nie der Mohr fehlen darf, ihre Schätze dar. In keiner katholischen Kirche werden diese Krippen vermißt; aber auch im trauten Familienkreise erfreuen sie alt und jung und werden nicht selten reigenartig umtanzt. In alten Weisen erklingen dabei einfache Hirtenlieder und rufen fromme und nachhaltige Stimmungen hervor. Die Krippen mit den Hirtenliedern und den Krippeltänzen sind ein ehrwürdiges Stück heimischen Weihnachtszaubers, denn sie sind die Überreste jener alten Spiele, die die heilige Geschichte in und bei den Kirchen durch lebende Bilder zur Darstellung brachten.

Neben den Hirtenliedern stammen auch viele unserer schönsten Weihnachtslieder aus alter Zeit.

Weihnachten ist nicht für sich allein zu betrachten, sondern in Verbindung mit einer ganzen Reihe volkstümlich bedeutsamer Tage vor und nach den Feste. Die Wochen vor dem Feste bereiten den Höhepunkt vor, worauf dann allmählich der Abstieg erfolgt.

Einer der wichtigsten Tage vor Weihnachten ist Nikolaus, ein allgemeines Bescherungsfest, an dem in vielen Gegenden Märkte abgehalten werden. Die Kinder erhalten Geschenke und feiern den Tag durch Umzüge und Lieder. Wie viele heilige Personen dieser Zeit (das Christkindchen, die hl. drei Könige) tritt auch Nikolaus in leibhafter Person auf und hält seinen Umzug. Entweder ist er ein freundlicher Greis oder ein Kinderschrecken, wird hier und da auch zum Knecht Ruprecht, der das liebe Christkindchen begleitet. Die von ihm gespendeten Gaben sollen Glück und Segen bringen. Erscheint er aber in kinderschreckender Gestalt, so ist er von viel Lärm und Getöse umgeben, wodurch er feindliche Mächte von Haus und Hof verscheuchen soll.

IV. Bewertung und Vertiefung

Die Kinder sollen die Bedeutung des volkstümlichen Weihnachtsfestes mit seinen Gebräuchen erkennen und fühlen lernen, was nach Bedürfnis und Befinden schon an passenden Stellen der Darbietung erstrebt werden kann. Dabei kommt u. a. zur Behandlung:

1. Der Anklang an alte heidnische Vorstellungen,
2. die Anpassung von christlichen Wahrheiten und Anschauungen,
3. daß das Weihnachtsfest vor allem ein deutsches Fest geworden ist,
4. die sinnige Bedeutung der Bräuche,
5. die Bereicherung, Stärkung und Erhebung des seelischen Lebens,
6. wie das Weihnachtsfest durch sein Brauchtum die Menschwerdung des Heilandes verklärt und dazu hilft, Jesus als das Beste und Höchste hervorzuheben,
7. wie das Weihnachtsfest uns zeigt, was Menschen mit Herz und Gemüt aus einer Feier zu schaffen vermögen.

Das Weihnachtsfest entspricht in seiner Ausgestaltung dem deutschen Bedürfnis, das sich nicht mit äußerem Brauchtum begnügt, sondern innere Werte schafft. Wir dürfen uns freuen, einem Volke anzugehören, das seine Feste mit so lieblichen und tiefsinnigen Bräuchen umrankt. Damit wird uns eine große Verantwortung zugeschoben — wir haben das uns anvertraute Erbe zu erhalten und der Nachwelt getreulich zu überliefern.

V. ANWENDUNG

Es gibt eine Reihe von volkstümlichen und Kinderreimen, die je nach der Gegend verschieden sind und hier bei der Behandlung entsprechend der Kindesstufe herangezogen werden können. Mit kleineren Kindern singt man sie, die größeren werden daran erinnert. Einige solcher Reime finden wir bereits im Wunderhorn.

Auch Weihnachtsgedichte unserer besten Dichter sind heranzuziehen, wobei auf die geistlichen Lieder eingegangen werden kann, wenn sie volkstümliche Eigenart erhalten haben. (Wie soll ich dich empfangen; Dies ist der Tag, den Gott gemacht; Lobt Gott, ihr Christen allzugleich; Vom Himmel hoch, da komm ich her; u. a.) An weltlichen Weihnachtsgedichten erwähnen wir nur: Ernst Moritz Arndt, Du lieber, heil'ger, frommer Christ; Theodor Storm, Von drauß', vom Walde komm' ich her; Friedrich Rückert, Des fremden Kindes heilger Christ u. a.

Die Anwendung wird nicht vergessen, die alten volkstümlichen Weihnachtslieder zu üben (O du fröhliche, o du selige; Stille Nacht, heilige Nacht; Alle Jahre wieder; Morgen kommt der Weihnachtsmann; Ihr Kinderlein, kommet; Zu Bethlehem geboren; Es ist ein Ros' entsprungen; Am Weihnachtsbaum die Lichter brennen; O Tannenbaum u. v. a.).

Schließlich ist nicht zu versäumen, die Kinder zu allerlei Spielen anzuhalten. In der Schule, im Familien- oder Vereinskreise können die alten Krippenspiele, die in vielfachen Neubearbeitungen auch für die Jugend zu haben sind, aufgeführt werden.

Dazu kommen allerlei Spielsachen volkstümlicher Art, die sich die Kinder selber herzustellen vermögen, das Ausschneiden von Krippen, Schäfchen usw., Spielsachen von Schlüsselbein und Brustbein der Gans usw. usw. Auch an das Vergolden und Versilbern von Nüssen, an allerlei Spiele mit Nüssen und Äpfeln soll erinnert werden.

FASTNACHT

Entwurf einer Katechese für das achte Volksschuljahr

VON OTTO BEIL

Ziel:

Der ursprüngliche Sinn der Fastnacht.

I. VORBEREITUNG

Aufgaben: 1. Sammelt Lärminstrumente: Die Schüler bringen einzelne Stücke oder schreiben sie auf: Rätschen, Peitschen, Pritschen, Trompeten, Kochtöpfe, Deckel, Schweinsblasen, Kuhglocken.

2. Sammelt Schreiverse: z. B. *Hoorig, hoorig, hoorig ist die Katze* ... oder *Narro, Narro siebe gsi* ...

3. Sammelt Fastnachtszeitungen. Es werden neue und auch solche aus Großvätertagen gebracht, die oft fördernd sind beim Studium damaliger Verhältnisse und die Wandlung des Humors erkennen lassen.

4. Sammelt Masken und Abbildungen von solchen. Für unsere Gegend kommen Villingen, Elzach, Rottweil, Schwenningen in Betracht. Überseeische Masken werden zum Vergleiche herangezogen.

5. Wie man sich bei uns an Fastnacht verkleidet. Historische Trachten, Phantasietrachten.

6. Unter welchem Stichwort Umzüge angeregt wurden: Tierschau, Nordpolfahrt, usw.

7. Darbietung einzelner Vereine: Dienstbotenball, Zigeunerleben usw.

8. Wie wird die Fastnacht eingeleitet: Elferrat, Holzheischen für das Fastnachtsfeuer, Narrensamensäen.

9. Ausklang: Fastnacht begraben, verbrennen, Geldbeutelwäsche.

10. Anregung zu einer Fastnachtsklassenzeitung.

II. EINLEITUNG

Aus den gestellten Aufgaben ergibt sich folgender Stoff:

Jedes Frühjahr, wenn die Herrschaft des Winters gebrochen ist oder doch seine harten Tage gezählt sind, überkommt die Menschen von Dorf und Stadt ein unbezähmbarer Übermut. So schwer sie auch ihr Geld verdienen mußten, nun sitzt es für einige Tage recht locker im Beutel. Es ist ihnen in der eigenen Haut zu enge. Ihr gewohntes Kleid vertauschen sie mit allerhand Aufputz, der Herr macht sich zum Landstreicher, die Dame zum Dienstmädchen, Ritter und Narr werden dargestellt, das Kleid der Urgroßmutter kommt noch einmal zu Ehren, und die Einbildungskraft erfindet Kleider, wie sie womöglich noch nie dagewesen sind. Und wenn es geht, will man sich so verändern, daß keine Beziehungen mehr zum alten Menschen bestehen. Die Gestalt des Teufels selbst muß herhalten, und das Gesicht wird zur schrecklichen Fratze und Maske. Die Stimme wird verstellt, der Gang verändert. Man führt ganz neue Verhältnisse vor und stellt in Gesellschaften und Umzügen Nordpolentdeckung und Tropenmenschen dar oder läßt vergangene Jahrhunderte wieder aufleben. Es soll ganz anders zugehen als im gewöhnlichen Leben. Viel Lärm und laute Musik, die keineswegs schön zu sein braucht, gehören zu einer rechten Fastnacht. Was die Stimme in kräftigem Gejohle und gefistelt hohem Hu-hu nicht bewältigen kann, besorgen Kochtöpfe und -deckel, Rätsche, Glocke und Glöckchen, Schnarre und Knallerbsen. Überall Neckerei: während die Nase von der Streckschere bedroht ist, bekommt der Rücken die Pritsche, die Peitsche oder die am Stock geschwungene Schweinsblase zu spüren. Der Tanz ist derber als sonst. Hoch fliegen die Beine in der Luft, und spaßige, ungelenke Sprünge werden gemacht. Ein Regen von Papierblättchen (Konfetti) und -schlangen macht den Boden zu einem weichen, bunten Teppich. Durch das Dorf treiben die Buben einen Bären und lassen ihn nach der Musik ihrer Ziehharmonika tanzen. Ein großes Gefolge lärmt in strengem Takt unter einem unermüdlichen und unerbittlichen Gesangsleiter:

„Hoorig, hoorig, hoorig ist die Katze,
Und wenn die Katz' nit hoorig ist, dann fängt sie keine Mäuse."

Mit Pflug und Egge fährt eine Horde über die Dorfstraße und

streut Spreu als Samen, aus dem wieder neue Narren entstehen sollen.

Am Ende dieser lauten Tage wird die Fastnacht begraben. Eine in Stroh und Lumpen gekleidete Stockpuppe wird vor das Dorf getragen. Ein großes Trauergeleite aus jungen Burschen ahmt das Weinen bei einer Beerdigung nach. Draußen wird die Puppe ins Wasser geworfen oder verbrannt. Auf dem Heimweg wird an den Häusern hinaufgerufen: *Ho raus, ho raus, Äpfel und Bire zum Lade naus.*

Den komischen Abschluß bildet am Aschermittwoch die Geldbeutelwäsche am Dorfbrunnen. Traurig hängen die leeren, zerrissenen Geldbeutel an einer Schnur über die Straße.

III. AUSFÜHRUNG

1. Der Kampf zwischen Frühling und Winter.

Der Frühling naht mit Brausen.
Er rüstet sich zur Tat,
Und unter Sturm und Sausen
Keimt still die grüne Saat.
Drum wach', erwach', o Menschenkind,
Daß dich der Lenz nicht schlafend find'.

In der freien Besprechung kommen wir zu dem Ergebnis: trotz der zahlreichen Winterfreuden sehnt man sich im langen Winter nach dem Frühling. Die Sehnsucht wächst, je öfter Frostnächte mit Tauwetter wechseln. In früheren Zeiten wurden die milden Tage noch sehnlicher erwartet. Die Vorräte waren aufgezehrt, die Schneeschmelze trieb das Tauwasser in die wenig festen Hütten. Man beachtete mehr als heute die streitende Witterung und sah mit Sorge, wie der frühlingsgleiche Mittag immer wieder von der winterharten Nacht besiegt wurde. Es erwuchs in den Menschen der Wunsch, in diesen Kampf zugunsten des Frühjahrs einzugreifen. Aber wie?

Während eure Väter im Krieg waren, habt ihr Krieg gespielt. Wie hat bei euch das Spiel endigen müssen? Natürlich mit dem Siege der Deutschen. Die Kinder von Frankreich, England, überhaupt von fast ganz Europa haben ähnlich gespielt. Wie hat das Spiel dort wohl seinen Ausgang finden müssen? Welches war also der Grundgedanke der Spiele?

So hat man früher auch den Kampf zwischen Sommer und Winter gespielt. Wer hat siegen müssen?

Auch heute noch wird an Fastnacht ein Kampf aufgeführt. Es ist aber vielfach nur noch eine Kampfpartei da.

Wie ist sie bei uns dargestellt? (Puppe mit Grün und Bändern geschmückt)

Warum wird die andere oft nicht mehr gespielt? (Sie wurde regelmäßig geschlagen, darum wollte niemand mehr mitmachen.)

Am Ende der Fastnacht wird der Winter aber dargestellt. Wie? (Puppe aus Stroh)

Warum wird der Winter verbrannt oder ertränkt?

Zum Vergleiche: Der Bär; der Pfingstbutz, der wilde Mann.

An welchen Bräuchen erkennen wir, daß es sich um den Frühling handeln muß? (Säen, Pflug und Egge. In Rottweil säte man Äpfel und Nüsse, an deren Stelle auch dort heute teilweise Papierschnitzel getreten sind)

Zusammenfassung: Wie wird der Kampf zwischen Sommer und Winter nachgeahmt? Wie wird dem Wunsche des Sieges Ausdruck gegeben?

Ergebnis: Der Aufzug der geschmückten Puppe als Sieg des Frühlings. Vergleiche: Sommertagszug, Todaustragen.

2. Warum die Menschen sich an Fastnacht verkleiden.

Aufgaben: 1. Kleider und Kleidungsstücke als Abzeichen einer bestimmten Machtbefugnis (Geistliche, Richter, Bahn- und Postbeamte, Gendarmen, Polizisten. Amtskette des Bürgermeisters. Der Stab bei König, Bischof, Abt; die Krone; der Mantel usw.).

2. Welche Kleidungsstücke werden nur bei besonderen Anlässen getragen? (Schwarze Kleider, lange Röcke der Männer, Zylinder, Schäppel, Schleier. Die zugedeckten Pferde am Leichenwagen. Beachte die gleiche Kleidung bei Braut und Brautjungfer, Hochzeiter und Ehrengesellen).

Ergebnis: Mit der besonderen Kleidung ist ein besonderes Recht, eine besondere Macht verbunden. Die Kleidung soll außerdem verdecken, verbergen, unkenntlich machen, zum Verwechseln Anlaß geben, also etwas abwehren.

Über wen will man nun durch Anlegen des Fastnachtskleides Macht erhalten, was abwehren?

Aufgaben: Wie haben unsere Vorfahren die Erscheinungen der Natur gedeutet? (Blitz, Donner, Regen — Donar; Sturm — Wildes Heer usw.)

Ergebnis: Alles Naturgeschehen ist durch unsichtbare Kräfte veranlaßt, die, nur vorgestellt, deshalb Geister genannt werden. Man will also Macht erhalten über die Geister des Sommers und des Winters oder des Lebens und Todes, der Erstarrung und des Wachstums. Die einen wird man herbeiholen, die anderen vertreiben wollen; den Wachstumsgeist, der so lange geschlafen, will man aufwecken, den Winter dagegen ersäufen, verbrennen.

Aufgaben: Welche Mittel verwenden wir zum Verkehr mit den Geistern?

Wie stellen wir uns die Geister vor? Wie ahmen wir das Aussehen der Geister nach? (Maske)

Ergebnis: Zweck der Maske und ihre Bedeutung ist zu erschließen: griechische Spiele, religiöse Bräuche wilder Völker, Wasserspeier, Türstürze, Verzierungen an Kapitellen, Firstziegeln, Schlußsteine in Vierungen, Löwentore, Pferdeköpfe am westfälischen Haus. Phantasietiere auf Broschen. Masken auf Gefäßen der Bauerntöpferei.

Aufgaben: Welche Mittel verwenden wir im Verkehr mit Gott? (Vor allem das Gebet, also das Wort) Welche Worte gebrauchen wir beim Geisterspiel? (*Hokuspokus maledetus* u. ä.)

Vergleiche damit Bastlösereime z. B.: *Pfeifle Pfeifle grôt, i gib dr en guete Rôt, i gib dr e guete Milchsuppe und en Batze Brot.* Vergleiche ferner Auszählverse, z. B. *Ellerli, bellerli, rippdirapp, Rippdirapp isch duß. Aga baga bunga raga, etla metla schong dong filli fong, isa bisa top* (Schiltach), oder aus Norddeutschland: *Öppken Döppken Rübezahl; Öppken Döppken Knoll.* (Wesentlich dabei und nicht zu übersehen ist es, daß die Kinder einen Kreis bilden [Zauberkreis] und den Reim mit dem Finger ausdeuten, also alle wesentlichen Momente einer Zauberhandlung noch vorhanden sind)

Ergebnis: Die Formel wendet sich nicht an Personen, die Worte sind meist sinnlos, Reim und Rhythmus sind das Wesentliche. Vergleiche damit *Hoorig, hoorig* .... Wir denken bei diesen Reimen an die Zauberformeln, die zum Beschwören der Geister verwendet wurden, um sie zu rufen oder zu vertreiben. (Beispiele solcher Formeln)

Aufgaben: Wie kann der Wachstumsgeist sonst noch geweckt werden? (Durch Lärm, Schießen, Knallen mit Knallerbsen, Schweinsblasen, Trommeln, Trompeten, Töpfe, Rätschen, Glocken, Peitschen usw.) Wie werden die bösen Geister vertrieben? (Sie sind Wesen der Finsternis. Sie kommen nachts in der Stille. Deshalb vertreibt man sie auch durch Lärm)

Ergebnis: Also gilt der Lärm sowohl dem guten Wachstumsgeist wie dem bösen Geiste des Winters: der eine wird durch ihn gerufen, der andere vertrieben.

Zusammenfassung: Um Macht über den Wachstumsgeist zu erhalten, sich dem Wintergeiste aber unkenntlich zu machen, muß man sich verkleiden. Man kann ihn dann mit Formeln beschwören und durch Lärm aufwecken, den Wintergeist aber verbannen. (Vergleiche Lärm beim Schäppelhirsch [Polterabend], Schießen, Musik bei verschiedenen Anlässen, wie Taufe, Hochzeit, Tod, Einzug hoher Gäste. Zur Verdeutlichung für den Schwarzwald geeignet: Hornberger Schießen)

3. Der Mensch als Glied der Natur.

Aufgaben: Wie empfinden die Menschen die Ankunft des Frühjahrs an ihrem Körper? (Frühjahrskrankheiten bei alt und jung)

Wie treibt man die Frühjahrskrankheiten aus? (Durch Genuß von Brunnenkresse, Sauerampfer- und Brennesselspinat, der ersten Weidenkätzchen, Holunderküchle, Hasenklee, Spitzwegerich- und Schlüsselblumentee, sog. Frühjahrskuren)

Warum nimmt die Mutter zu einer Kraftbrühe lieber Ochsenfleisch als Kuh- oder Kalbfleisch und welche Stücke bevorzugt sie? (Schlegel, Hochrist und Bug als Sitz der Kraft)

Ergebnis: Durch das Essen des Fleisches nimmt der Mensch die darin enthaltenen Kräfte auf, ebenso durch den Genuß der Frühjahrspflanzen. Sogar Eigenschaften des Tieres sollen dadurch auf den Menschen übertragen werden. Selbst das Einreiben mit tierischen und pflanzlichen Bestandteilen kann schon Eigenschaften übertragen. (Einreiben mit Hundefett bei Rheumatismus, weil der Hund ein guter Läufer ist; Einreiben mit Fuchsschmalz gegen Lungenerkrankung, damit man eine so gute Lunge bekomme wie der Fuchs.

Aufgaben: Warum wird nun dem Pfarrer, dem Bürgermeister oder dem ganzen Dorfe auf den Marktbrunnen der frischgrüne, mit Bändern geschmückte Maien, unbeliebten Personen aber eine dürre Pflanze, sogar ein Besen vor oder auf das Haus gesetzt? Der triebkräftige Maien soll ihnen Kraft geben, zum Segen von Gemeinde und Familie zu arbeiten, damit diese wachsen wie die Pflanzenwelt. Den mißliebigen Personen aber wünscht man keinen Erfolg, vielleicht sogar Untergang, wie ihn der dürre Besen andeutet. Vergleiche dazu: der grüngeschmückte letzte Heuwagen, der Hochzeitsmaien, Grün und Kränze an Hochzeits- und Umzugswagen. Palmen an den Häusern angenagelt und in die Gärten gesteckt, sollen Segen bringen. Die Lebenskraft, die im Ei schlummert, wird besonders im Frühjahr auf den Menschen übertragen: Eierschenken und -essen an Ostern; den Schulanfängern gibt man die Buchstaben des Alphabetes in einem Ei zu essen, damit sie gut lernen.

Warum werden in manchen Gegenden Deutschlands das Vieh beim ersten Austrieb, Kinder und Erwachsene um die Frühjahrszeit mit frischen Haselruten oder Wacholderzweigen geschlagen? (Man will die Lebenskraft, die in der Natur neu erwacht ist und in den frischtreibenden Zweigen sichtbar wird, auf das Vieh und die Menschen übertragen)

Heute tritt an Fastnacht die Pritsche an Stelle der lebensfrischen Rute.

Zusammenfassung: Das Schlagen mit der Pritsche ist also, wie das „Pfeffern" mit der Rute und das Maienstecken, nicht nur ein Segenswunsch, sondern man will dadurch Kraft übertragen.

4. Wem mr de Esel nennt, nô kunnt 'r grennt.

Aufgaben: Welches sind die hauptsächlichsten Frühlingsanzeichen in der Natur? (Sonne, Regen, Gewitter)

Wie werden die Wachstumsgeister herbeigerufen? (Durch Lärm, Nachahmung des Geisterrufes, Ruf des Käuzchens [Geistervogel] „hu — hu", Formeln, Bild der Geister in den Masken) Für die frühen Menschen waren auch Sonne, Regen, Gewitter geisterhafte Mächte (Göttersagen). Auch sie konnten geweckt werden wie die anderen Geister.

Wir suchen ein Bild für die Sonne. (Feurige Kugel, Feuerrad, verkleinert als kreisende Scheibe; das Feuer überhaupt)

Was hat das Höhenfeuer an Sonntag nach Fastnacht zu bedeuten? Was das Fastnachtsrad im Odenwald? Was die brennenden Scheiben im südlichen Schwarzwald? (Flurnamen beachten!)

Ergebnis: Fastnachtsfeuer, Fastnachtsrad, Scheiben sind Abbilder der Sonne, durch die sie heraufgezaubert werden soll. Soweit die Feuer leuchten, die Räder springen, die Scheiben fliegen, soweit soll der Segen der Sonne reichen. Auch dem Menschen wird dieser Segen zuteil, wenn die Scheibe für ihn geschlagen wird oder wenn er durch das Fastnachtsfeuer springt.

Aufgaben: Wie können Blitz und Donner dargestellt werden? (Zickzack, Trommeln usw.)

Welche Fastnachtinstrumente könnten Blitz und Donner darstellen? (Streckschere, die im Zickzack schnell daherfährt; Ratsche, die den Donner nachahmt)

Blitz und Donner aber sind nur erwünscht, wenn sie befruchtenden Regen im Gefolge haben. Deshalb werden diese Instrumente dann angewendet, wenn Regen besonders erwünscht ist. „Frühjahrsregen bringt Segen."

Ergebnis: Also können wir uns Streckschere und Ratsche denken als Zauberwerkzeuge, die den befruchtenden Regen, also das Wachstum, bringen sollen. (Vgl. Regenmacher bei den Naturvölkern)

5. „Die Sache fängt gut an."

Aufgaben: Wie beginnt man besonders wichtige Lebens- und Zeitabschnitte? (Freude, Feste, Tanz, Essen, Trinken)

Wie beginnt man die neue Wachstumsperiode?

Ergebnis: Damit der ganze Zeitabschnitt gut verlaufe, muß der Anfang ein guter sein.

Aufgabe: Wiederholung der Teilergebnisse.

Gesamtergebnis: In allen Fastnachtsbräuchen kehrt der Gedanke wieder, durch die verschiedensten Mittel den lebensfeindlichen Winter zu vertreiben, die Geister des Wachstums und der Fruchtbarkeit zu wecken und herbei zu holen, damit ein guter Anfang einen guten Verlauf des Zeitabschnittes sichere.

Die folgende Gliederung möge zeigen, wie die Entwicklung des Gedankens in anderer Richtung möglich wäre.

A. Fastnacht, ein Frühlingsfest.

1. Jahreszeit: Krankheiten im Frühjahr, Frühjahrskuren. Frühlingsfreude. Die Härte des Winters in früherer Zeit, Sehnsucht nach dem Frühjahr.

2. Segen der wiedererwachenden Naturkraft.

   a) Wie man den Frühling holte. Kampf zwischen Winter und Frühling, Darstellung der Wachstumsgeister, Sommertagszug, Todaustreiben, römische Frühlingsfeste. Feuer, Rad, Scheibe als Abbilder der Sonne.

   b) Wie man die fruchtbringenden Kräfte des Frühlings sich erwarb. Übertragen durch Lebensrute (Pritsche), Maien, Säen (Konfetti).

   c) Aufwecken der guten Geister: Lärm, Musik, Glocken, Formeln, Maske, Tanz.

   d) Herbeiführen des befruchtenden Regens: Streckschere, Rätsche als Abbilder von Blitz und Donner, die den Regen im Gefolge haben.

3. Böse Mächte des Frühlings: Verheerende Gewitter, Wie man sie verteibt: Lärm, Maske, Beschwörung.

B. Die Wandlung des Gedankens:

1. Religiöses Fest: Die guten Geister sollen helfen, deshalb werden sie gerufen. Die bösen Geister sollen vertrieben werden.

2. Weltliches Fest: Römisches Frühjahrsfest, Essen, Trinken, Tanzen, Vertauschen der Kleider, Vertauschen der sozialen Verhältnisse.

Den Zauber der Maske, den religiösen Kern des Tanzes und das Aufdenkopfstellen der gesellschaftlichen und obrigkeitlichen Verhältnisse zu versinnbildlichen, wird im Rahmen der Volksschule schwer möglich sein, würde auch zu weit führen. Auch der beigefügte Entwurf ist für eine einzige Unterrichtseinheit noch überfüllt und gibt doch keine erschöpfende Behandlung des Vorwurfs. Er soll, wie die ganze Arbeit, nur dartun, wie die Volkskunde auch im engen Rahmen von Stoff- und Stundenplan nach den Grundsätzen der Arbeitsschule behandelt werden kann und die Verbindung in der zerklüftenden Fächerung schafft.

Unterrichtseinheit „Die Fastnacht", Gesamtunterrichtsplan.

Deutsch		Geschichte mit Bürgerkunde	Geographie	Naturkunde	Formgebung	Gesang
Die Fastnacht, ihre heutigen Erscheinungsformen und ihr ursprünglicher Sinn. Lesestoff: „Ritter Mai" von Kernstock (Beltz-Bogen-Oberst. I, S. 15. „Das Todaustreiben" aus „Des Knaben Wunderhorn". „Frühlingsbeklemmung" aus Spee, Trutznachtigall („Des Knaben Wunderhorn"). „Frühlingseinzug" von Wilh. Müller. „'s Fasnechtfüür" von K. Herbster. M. Heimatld., Bad. Heimat 1926, S. 23. Humor und Humoristen. Spott und Neckerei, Auszählreime, Bastlöseverse.	Wortkunde. Fastnacht = Nacht vor den Fasten; vgl. Heiliger Abend u. a., oder faseln oder fascheln = gedeihen, üppig wachsen, zunehmen. Übermut, verrückt sein, narren, strählen = einen herunterputzen. (Kamm = Strähl) hecheln = einen dazwischennehmen. (Rügerecht) Narrenfreiheit, Mummenschanz, aus der Haut fahren, schmutziger Donnerstag, (Schmutz = Fett), „schnurren".	Die sozialen und politischen Verhältnisse in Deutschland Ende des 18. Jahrh. Einfluß der Höfe auf das Bürgertum (Feste, Trachten). 2. Grenzen der „Narrenfreiheit". Folgen von Sachbeschädigung und Beleidigung.	Religion primitiver Völker: die Naturkräfte; die Geisterwelt, ihre Beeinflussung durch die Hilfsmittel der Magie (Kleidung, Maske, Tanz).	Wetterkunde. (Darstellung der Witterungsschwankungen.) Erkrankungen im Frühjahr. Kuren: erste Gemüse aus dem Feld. Die ersten Blüten und ihre Beziehungen zum Menschen in Glaube und Brauch.	Schlüsselblume, Schneeglöckchen, einzeln, stilisiert, zum Ornament gefaßt. Holz: das Zahnrad in seiner Verwendung bei der Rätsche. Streckschere und Storchschnabel.	„Der Frühling naht mit Brausen". „So sei gegrüßt viel tausendmal".

OSTERN IM VOLKSBRAUCH

VON JOSEPH LUDOLPH WOHLEB

Das Thema *Ostern* gestattet dem Lehrer eine Reihe von Möglichkeiten; er wird es sich kaum entgehen lassen, mit den Schülern z. B. *Ostern in der bildenden Kunst* zu besprechen oder die Passionsspiele, die Vorläufer der heutigen Volksschauspiele und des Theaters, zum Gegenstand einer Unterrichtsstunde zu machen.

Für eine Lehrprobe über Ostern im Volksbrauch kommen zuvörderst die Teile volkskundlichen Kulturgutes in Frage, die zum Kind in besonderer Beziehung stehen. Selbstverständlich kann die hier versuchte Gestaltung nur eine Anregung sein, sie will in Stoff und Weg die eigene Arbeit erleichtern, nicht ersetzen. Es muß dem Lehrer überlassen bleiben, unter Berücksichtigung von Örtlichkeit, Landschaft und Stamm sich selbst mit den Bräuchen zu beschäftigen, zu ändern oder Einzelheiten einzufügen, die ihm aus seinem Wissen um das örtliche Geschehen geläufig sind oder aus der immer reicher werdenden volkskundlichen Literatur der einzelnen Landschaften verwendbar scheinen.

EINLEITUNG

Ostern, das Fest der Auferstehung des Herrn und der Natur.

Ostern, das Fest der Erinnerung an die Auferstehung des Herrn, fällt zusammen mit der Auferstehung der Natur. Für den Menschen umfaßt das Wort Ostern das Gefühl der Neuerweckung des inneren Lebens und den Auferstehungsgedanken in der Natur. Sinnbilder dessen, was wir empfinden, sind die mannigfaltigen Bräuche, die sich um beide schlingen.

HAUPTSTÜCK

Ostern im Volksbrauch.

I. Bräuche nach Form und Inhalt. a) Der Palmsonntag und die Karwoche. b) Ostern.

II. Sinn der Bräuche.

III. Inhalt und Gegenwart.

I. a) Die Einstellung auf das Auferstehungsfest vermitteln der Palmsonntag und die Karwoche. Sie treten nach der kirchlichen Seite für den Schüler wahrnehmbar in Erscheinung, sie gestalten für Stunden deutlich das Leben im Dorf und — einer der ganz wenigen Fälle — in der Stadt.

Zu einem knappen, wenn auch aus selbstverständlichen Gründen nicht erschöpfenden Eingehen auf Sinn und Brauch des Palmsonntags und der Karwoche rät auch die Erwägung, daß der Klang *Ostern* diese Dinge umschließt, rät weiterhin das Bestreben, vorhandene Begriffe zu füllen und abzurunden. Bei der Besprechung des Palmsonntags ahnt der Schüler bereits einen Zusammenhang zwischen Fest und Kirchenjahr, zwischen Fest und Brauch, zwischen Brauch, Glaube und Aberglaube; sicher bekommt wenigstens das bis dahin vielleicht leere Wort *Brauch* einen Begriffsinhalt.

In katholischen Gegenden ist der Palmsonntag eng mit dem Leben des Kindes verbunden. Schon wochenlang vorher denken die Knaben über die Zusammenstellung ihres *Palmen, Palmstockes* nach oder helfen den Erwachsenen beim Binden und Schmücken; in manchen Gegenden ist die Herstellung des Palmen geradezu eine Gemeindeangelegenheit.

Auch nach dem Fest begegnet das Kind überall wieder den Palmen. Sie werden sorgfältig aufbewahrt, in Stuben, Kammern und Ställen angebracht, schauen aus einer Dachluke oder sind auf die Felder oder in die Weinberge gesteckt, überall als Schutz gegen Gewitter und Hagelschlag. Mancherorts schmückt man mit dem geweihten Palmzweig die Gräber von Verwandten und Freunden.

Wo der stets beachtete, leider ziemlich seltene *Palmesel* einer Sammlung bekannt ist, wäre daran zu erinnern, daß es im Mittelalter üblich war, den Einzug Jesu in Jerusalem durch einen Umzug darzustellen, bei dem ein hölzerner Esel auf Rädern durch die Gassen geführt oder auf der die Kirche umschließenden Kirchhofmauer hingezogen wurde. Der Name des Palmesels hat sich in allerlei Scherzen und Foppereien erhalten.

Die Palmsonntagsbräuche sind nach Form und Inhalt in der Hauptsache christlich.

Auf den lauten Palmsonntag folgt die *stille Woche*, die Karwoche, die wiederum der vielen Bräuche wegen für das Kind sehr eindrucksvoll ist.

Der Gründonnerstag hat nach der Volksetymologie seinen Namen davon, daß man an diesem Tag etwas Grünes, Salat, Kräutersuppen oder neunerlei Gemüse, essen muß. Das soll Gesundheit für das ganze Jahr verleihen.

Am Gründonnerstag *sterben* alle Kirchenglocken oder *gehen nach Rom*, um Ostereier zu holen usw., und kehren erst am Karsamstag zurück. In der Zwischenzeit werden die Leute mit *Klappern* und trag- und fahrbaren *Karfreitagsratschen* zum Gottesdienst gerufen, und das ist meist Sache der Jugend, die dafür mit Ostereiern belohnt wird. Auch in der Kirche selbst werden nur Klappern und Ratschen verwendet.

Oft nun ist das Geräusch der Ratschen, das den Gottesdienstbeginn ankünden soll, auf der Straße zu wildem Getöse gesteigert, und mancherorts verlangt der Brauch, bei den *Pumpermetten*, *Rumpelmetten* oder *Dammermetten* in den Kartagen mit Klopfen und Hämmern in der Kirche selbst ein wildes Getöse zu vollführen. In Spanien ist es üblich, am Karsamstagmorgen zu bestimmter Stunde in Straßen, Gassen und Häusern mit Brettern, Blechdeckeln und allen möglichen Lärminstrumenten minutenlang einen fürchterlichen Radau zu machen; Erwachsene und Kinder beteiligen sich alle daran, wie ich voriges Jahr in Barcelona beobachten konnte. Der seltsame Brauch soll bei uns angeblich den Aufruhr der Natur beim Tode Christi versinnbildlichen, in Spanien die Anteilnahme der Natur bei Christi Auferstehung. In Wirklichkeit handelt es sich aber dabei, heute unbewußt, um etwas ganz anderes: man will mit dem Lärm erschrecken, ängstigen, Feinde verscheuchen — eine Szene aus dem vielgestaltigen Kampf gegen den Winter, gegen die feindlichen Dämonen, die den Frühling hemmen, ein Stück also des uralten Dämonenglaubens tritt hier dem Kind entgegen, und es erkennt ohne weiteres, daß dieser Brauch der Form nach christlich ist, dem Inhalt nach aber der germanischen Glaubenswelt angehört, die z. B. auch in den Namen unserer Wochentage (außer Mittwoch und Samstag) fortlebt.

In katholischen Gegenden besuchen die Kinder am Karsamstagabend die Auferstehungsfeier und hören dort die frohe Botschaft, daß „Christ erstanden", und den Hallelujaruf des Priesters und der Gemeinde, der die österliche Zeit kennzeichnet; in protestantischen Gegenden führen sie die Feierlichkeit des Karfreitags und die Osterchoräle auf das Auferstehungsfest hin.

Mit dem Karsamstag beginnen die eigentlichen Osterbräuche.

I. b) Schon früh am Karsamstagmorgen wird in katholischen Gegenden vor der Kirche mit Stahl und Stein das Osterfeuer angezündet. Das Brennmaterial bilden dürre Kränze und zerfallene Kreuze vom Kirchhof und alles, was sich an abgängigen Gegenständen im Lauf des Jahres in der Kirche angehäuft hat. Das Feuer wird vom Priester gesegnet, und mit Kohlen von diesem Feuer zündet man die Kerzen in der Kirche an, namentlich die große Osterkerze. Die Anwesenden lassen Pfähle und Holzscheite im Feuer verkohlen und tragen sie nach Hause. Mancherorts schleppen die Jungen große Scheite an Ketten oder Stricken herbei, lassen sie im Feuer mitsegnen, ziehen sie dann wieder heraus und bringen sie nach Hause zurück. Einige Stücke werden dort in neu angefachtem Feuer verbrannt — so bekommt jedes Haus neues Feuer —, andere werden als Schutzmittel gegen den Blitz aufbewahrt, wieder andere auf die Äcker, Fluren und Gärten hinausgebracht, damit diese gut gedeihen und vor Mißwachs und Hagelschlag, Schädigung durch Getier und Hexen bewahrt bleiben.

Heller aber und weiter als das kirchliche leuchtet das weltliche Osterfeuer ins Land, das noch jetzt an vielen Orten, meist auf einer Anhöhe, angezündet wird. Auch dieses Feuer ruft man mit Stahl und Stein hervor. Fröhlich springt man durch die Flammen oder umtanzt sie. Soweit die Feuer scheinen, werden die Felder fruchtbar, die Häuser gegen Brand und die in ihnen wohnenden Menschen gegen Krankheit geschützt. Man läuft mit brennenden Fackeln um die Felder, läßt ein brennendes Rad ins Tal hinabrollen, schlägt Scheiben; kurz, alle die vom Funkentag her bekannten Bräuche treten auf.

Gelegentlich soll das Osterfeuer sogar auf die altertümlichste Weise durch Reiben zweier Holzstücke gegeneinander angefacht werden. Das ist die alte Weise, Feuer zu machen, und daran knüpfen sich die deutlichsten Reste des alten Heidentums. Wir kennen die weitverbreitete Vorstellung, das Feuer werde dadurch verunreinigt, daß es mit der letzten Glut, die es unter der Asche hält, immer wieder fortgepflanzt wird. Es verliert seine reinigende Kraft. Der geeignetste Zeitpunkt für die Erneuerung des Feuers ist der des Auferstehens in der Natur und im Menschen.

Vielleicht wäre darauf hinzuweisen, daß man früher zu Zeiten von Pest und Seuchen sogenannte Notfeuer entfachte. In allen Häusern wurde z. B. bei Viehseuchen das Feuer ausgelöscht, und auf einem Platz zündete man mit einer durch Gegeneinanderreiben zweier Holzstücke hervorgebrachten Flamme einen Scheiterhaufen an. Durch das Feuer trieb man das Vieh, nahm verkohltes Holz mit nach Hause und legte Stücke in die Krippen. Der Brauch hat sich im Süden bis in die Gegenwart hinein gehalten: bei den Choleraepidemien in Marseille 1865 und in Neapel 1892 wurden große Feuer in den Straßen entfacht, um die Krankheit zu verjagen.

Das Notfeuer verhält sich zum Osterfeuer wie ein außerordentliches Mittel zu einem regelmäßig angewandten. Bei Seuche und Pest tut vor allem Reinigung not, um die Ansteckung zu entfernen, und für die Reinigung braucht man neues, reines Feuer, das immer auf die frühe Weise hervorgelockt werden muß.

Wenn der Sinn der Funkentagsbräuche in einer früheren Unterrichtsstunde dem Schüler schon gedeutet ist, wäre für den Karsamstagsbrauch, brennende Räder ins Tal rollen zu lassen und Scheiben zu schlagen, an jene Erklärung zu erinnern; andernfalls wird die Deutung leicht erarbeitet werden: die neu erwachende Frühlingssonne (Sonnenscheibe!) soll am irdischen Vorbild ermutigt und gestärkt werden, sich gegen den lähmenden Wintergeist durchzusetzen.

Seinem Inhalt nach stammt also auch dieser Brauch aus der vorchristlichen Zeit, und die Vermutung liegt nahe, daß es sich mit dem eigentlichen Osterfeuer ebenso verhält und daß das kirchliche Osterfeuer dem vorchristlichen Brauch nachgebildet ist. —

In ähnlicher Weise, also indem der Lehrer die gegenwärtige Form und den vergessenen Inhalt des Brauches zu verweben sucht, könnten, immer tunlichst unter Berücksichtigung der örtlichen Verhältnisse, einige weitere Osterbräuche besprochen werden. (Ostertau und Osterwasser sind heilig und segensvoll. — Begrüßung des Festes in der Mitternachtsstunde mit Musik und Gesang und, zum Schutz gegen nächtliche böse Geister, mit Ratschengetöse und Schüssen. — Begrüßung der aufgehenden Sonne, die vor Freude über die Auferstehung des Herrn tanzt oder drei Sprünge macht. — Schlag mit der Lebensrute. — Ostermahl und andere Speisebräuche. — Ball- und Eierspiele; dem Osterhasen wird ein ehrender Nachruf zu halten sein!)

II. Bei der Besprechung von Form und Inhalt der gegenwärtigen Bräuche ist es den Kindern sicherlich aufgefallen, daß der größte Teil der Bräuche in ihrem Inhalt auf der germanischen Glaubenswelt fußt, und allmählich wird sich die Erkenntnis verdichten, daß das heutige Ostern in seinen Bräuchen das christliche Fest der Auferstehung des Herrn und Überreste eines germanischen, etwa gleichzeitigen Festes in sich vereinigt. Die meisten Bräuche haben in ihrer Entwicklung zunächst mit Ostern nichts zu tun, sie sind früher als das christliche Ostern und schlossen sich schließlich an das christliche Ostern an.

Für die heidnischen Germanen in ihrer Abhängigkeit von der Natur zerfiel das Jahr in zwei Hälften, Winter und Sommer, und es ist wahrscheinlich, daß sie zu Beginn einer jeden dieser Jahreshälften größere Feste feierten, und zwar naturgemäß das Frühlingsfest etwa um die Zeit des späteren Osterfestes. Da regte sich im naturnahen Menschen das Bestreben, der Natur gegen den finsteren, kalten Winter zu Hilfe zu kommen. Reinigungsbräuche verschiedener Art kennzeichnen diese Zeit. Mit allen Mitteln versucht der Mensch, die bösen, dunkeln Gewalten in sich und in der Natur zum Weichen zu bringen und unschädlich zu machen. Je mehr sich ein Erfolg dieser Bemühungen im Knospen und Blühen draußen bemerkbar macht, um so eifriger und zuversichtlicher zeigt sich auch das Streben, sich gegen Rückfälle zu schützen und die neuerstandenen Kräfte in allerlei Gestalten den Menschen, ihren Wohnstätten und ihrem Arbeitsfeld nutzbar zu machen. Und da überall und zu allen Zeiten dieselben Gefühle und Stimmungen, dieselben Hoffnungen und Befürchtungen maßgebend sind und die gleichen Wirkungen hervorbringen, konnten die ursprünglichen heidnischen Bräuche auch dann noch weiterleben, als die christliche Kirche zur herrschenden Macht wurde. Sie kam dem alten Glauben entgegen und hat, wo es anging, die alten Bräuche mit ihren Gedenktagen vereinigt, oder jene lehnten sich von selbst an die kirchlichen Feste an.

In den Bräuchen besteht somit heute noch der große Zusammenhang mit der Vorzeit, sie schlagen die Brücke von der Germanenzeit zur Gegenwart. Darum verdienen die guten alten Bräuche Ehrfurcht, und Achtung verdienen die Leute, die sie auch heute noch sinnvoll üben (nicht spotten; nachdenken, nachlesen, fragen, sammeln, dem Lehrer mitteilen!).

III. Wenn die alten Bräuche geehrt und gepflegt werden sollen, kann es sich natürlich nur um die guten handeln. Der Lehrer wird gern die Gelegenheit wahrnehmen, gegen die heute in ihrem Inhalt schädlichen Formen vernünftig anzukämpfen.

Eine kurze Übersicht dessen, was bei den Bräuchen die Handlungen des Menschen bewirken wollen, zeigt dem Kind deutlich, daß die meisten der besprochenen Bräuche Mittel für allerlei Zauber darstellen, der einerseits zur Abwehr feindlicher Mächte, andererseits zur Erzielung von Nutzen (Fruchtbarkeit, Gesundheit usw.) dient. Nichts bleibt ungetan, was der Mensch gegen die bösen Geister und für die segenverheißende Sonne unternehmen kann, um Mensch und Vieh, Acker, Bäume, Haus und Garten zu schützen und zu fördern.

Wo die Grenze zwischen Glaube und Aberglaube gezogen werden muß, wo die schädlichen Formen des Aberglaubens verdrängt, falsche Meinungen durch richtige ersetzt werden müssen, bleibt, zumal angesichts der vielfachen Mischungen von Heidnischem und Christlichem innerhalb eines Brauches, dem Takt des mit den örtlichen Verhältnissen vertrauten Lehrers überlassen.

SAAT UND ERNTE

VON AUGUST LÄMMLE

Bauernarbeit.

Beim Kaufmann geht es um Ware und Geld, beim Richter um Recht und Ordnung im Staat, beim Lehrer um das geistige und sittliche Wohl der Schüler, beim Arzt um die Gesundheit der Menschen; dem Bauern ist der Acker der Inhalt seines Lebens, Saat und Ernte sind das A und das O seines Dichtens und Trachtens, um sie geht jahraus jahrein seine Mühe und seine Sorge, um ihretwillen lebt er mit den Seinigen zwischen Furcht und Hoffnung.

Der Bauer ist mit seinem Feld und seinem Weinberg verwachsen, es steckt seine Mühe und sein Schweiß darin. Der Acker ist die Urkunde seines Lebens und die seiner Familie.

Bauernarbeit ist Härtigkeit und Heiterkeit, ist Sklaventum und Herrentum; sie ist nicht Pflicht, sondern Drang und Zwang; die Mühe ist der bessere Teil des Lohnes. Sie ist jeden Tag neu, eingegliedert in den Jahreslauf und in den Reigen der Gestirne; sie bewegt sich zwischen engvermarkten Grenzen und hat doch Himmel und Hölle zu Nachbarn. Sie ist darum von unendlicher Weite und Fülle, sie verbraucht des Bauern Kraft und gibt sie ihm zwiefältig wieder, sie hat Tage voll Sorge und Bangen, und die Stunde der Ernte macht alles wieder gut.

Mitarbeiter Gottes ist der Bauer; die Saat grünt unter seiner Hand, seine Fußtapfen machen den Boden fett. Er kehrt der braunen Scholle den Rücken; und wenn er wieder kommt, stehen in breiter stolzer Pracht Kornfelder vor ihm, die er schneidet, und Weinernten, die seine Fässer füllen.

Kind und Kindeskinder genießen seinen Fleiß, ein Strom von Liebe, Stolz und Gemeinschaftsgefühl geht die Geschlechter hinauf und hinunter. Was der Vater begonnen, zwingt den Sohn zur Arbeit, sein Denken und sein Wille schafft Familienreichtum und Familiengeschichte. Er ist unsterblich durch seine Arbeit, sein Geist wirkt auf Kinder und Enkel. Bauer und Bäuerin und Kinder sind ein Blut und ein Wille, sie haben ein Schicksal, eine Sorge und eine Freude; Vorfahren und Nachkommen sind durch eine unzerreißbare Kette gemeinsamer Arbeit verbunden. Der Bauer weiß, daß ein Geschlecht die Aufgabe der Saat hat, damit das andere die Freude der Ernte habe, und daß von jedem Geschlecht Ernten in die Scheunen geführt werden, dazu die Vorfahren den Samen in die Erde legten.

So steht die Bauernarbeit vor uns, getragen von der Erde Kraft, gesegnet von Sonne und Wind, geheiligt durch die mitschaffende Natur:

Fangt dr Bauer e Arbet a',
schafft dr Herrgott weiter dra'.

Es spürt darum der Bauer immer die höhere Macht über sich. Sein Acker zeigt ihm, wo die Grenzen seiner Kraft sind. Und das Bauerntum braucht die Gelassenheit und Ruhe dem Schicksal gegenüber, braucht die Ausdauer und Zähigkeit, die nur aus einer solchen demütigen gläubigen Frömmigkeit entspringt.

So führt den Bauern seine Arbeit auch zu jenen letzten Dingen, sie gibt ihm volle Klarheit und löst jeden Zweifel. Die Bauern mögen lärmen und fluchen: hehlingen sind sie alle fromm.

Der Herrgott im Joche.

Ein schwäbisches Bauernsprichwort sagt: *Im April hat es der Herrgott am besten, da kann er das Wetter machen wie er will.*

Auf den ersten Blick scheint das einer jener kecken Sprüche zu sein, die da herauskommen, wo einer ehrfurchtslos darauf losredet oder mit Gewalt witzig sein will. Aber bei genauerem Hinsehen zeigt es sich, daß das Wort „nicht ohne", d. h. nicht ohne Sinn und Verstand ist.

Die Bauern denken so: der Herrgott hat die Welt gemacht mit Himmel und Erde und alles nach bestimmten Gesetzen geordnet. Sonne, Mond und Sterne regieren Tag und Nacht, und es fehlt keine Minute an der Zeit; und es ist verheißen, daß Same und

Ernte, Frost und Hitze, Sommer und Winter nicht aufhören sollen, solange die Erde stehet.

Die Bauern richten sich nun danach. Sie kundschaften den Boden aus, sie beobachten das Wetter, und sie haben herausgebracht, daß jedes Gewächs, Korn und Öl und Obst und Wein, seine Art und Zeit hat und seine besondere Pflege braucht, wenn es gedeihen soll. Also fangen sie an zu ackern, sie säen zur rechten Zeit, sie hacken und führen Mist und tun das Ihre unermüdlich. Wenn aber das rechte Wetter nicht kommen will, wenn der Same auswintert, wenn die Baumblüte erfriert, wenn im Mai der warme Regen ausbleibt, wenn im Juni die Heuernte und Traubenblüte durch „schlecht Wetter" notleidet, so werden die Bauern ungeduldig, und etliche fangen an zu schimpfen.

Denn sie denken, daß der, der die Gesetze für den Jahreslauf, für Wachsen und Blühen und Reifen gemacht hat, sich nun auch selber daran zu halten habe mit dem Wetter, weil ja sonst der ganze göttliche Plan aus dem Leim ginge. Und die Bauern sind immer und überall so, daß sie *ihre* Rechte und Pflichten und die Rechte und Pflichten ihrer Herren, und sei es selbst des Herrgotts, genau abzuwägen wissen.

Es zeigt sich hier, daß jeder Macht und jedem Recht Grenzen gesetzt sind und daß keiner über seinen eigenen Schatten hinwegsteigen kann.

Aber die Bauern wissen auch, daß es keine Regel gibt ohne Ausnahme und daß jedes Gesetz eine Hintertüre hat. Und ihr verständiger, stets auf die Wirklichkeit gerichteter Sinn hat auch hier eine gewisse Freiheit eingeräumt: der April kann es mit dem Wetter halten, wie er will. Er kann trocken kommen oder naß, er kann noch einmal den Winter bringen oder die warme Frühlingssonne scheinen lassen.

Bauernreligion.

Was aber nun, wenn jahrelang das Wetter nicht will, wie der Bauer will, wenn Ernte und Zahltag ausbleibt? Wird er nicht irre werden an der Weltregierung, und wird er dem Herrgott nicht absagen, wie es Hiobs Weib von dem Dulder verlangte?

Es zeigt sich hier, wie im Bauern, stärker als alles andere, der Glaube an Ausgleich und unbedingte Gerechtigkeit verwurzelt ist. Er weiß, daß er den Fehler nicht beim Herrgott, sondern bei sich zu suchen hat. Und was er gefunden, das sagt das andere Sprichwort: *Seit die Bauern die Gebote Gottes nimmer halten, hält der Herrgott die Wetterregeln nimmer.*

Von allen Welt- und Lebensanschauungen ist das die gesündeste, die den Wettermacher und Schicksalbringer in der eigenen Brust sucht und erkennt, daß die Ordnung in uns die Voraussetzung ist für die Ordnung um uns.

Aus dieser schlichten Erfahrung und Weisheit heraus verstehen wir auch die Religiosität aller der Menschen, die mit der Natur und in der Natur leben und arbeiten. Sie sehen zwar den sich immer wiederholenden Ablauf der Natur; aber sie sehen auch, daß sich das Naturgesetz nicht rein mechanisch erfüllt, sondern alles Geschehen bald wie aus der Fülle, bald wie aus der Kargheit zu kommen scheint.

Und sie wissen, daß der Arbeitsteil des Menschen durch Anpassung bedingt ist und erleichtert wird. Daraus ergibt sich ganz zwangsläufig jenes persönliche Verhältnis zum Naturwillen oder zu Gott, das auf Ehrfurcht und Vertrauen beruht und Hingebung an den höheren Willen ist. Es ist aber dies Verhältnis weit entfernt, zum blinden Fatalismus zu werden, da ja der eigenen Kraft und Leistung genug Raum und Freiheit bleibt.

Die so an Leben und Arbeit gewonnene religiöse Anschauung der Bauern und Hirten, der Seefahrer und Bergleute wird in ihrer Richtigkeit täglich bestätigt: wie das rechte Gebet zugleich eine Anspannung des eigenen Willens bedeutet, so vermag das Erhorchen und Erlauschen der Gesetze und der Vorgänge in der Natur erst die eigene Leistung fruchtbar zu machen und den Erfolg zu sichern. Es haben darum in allen Zeiten, in allen Ländern und bei allen Völkern alle, die in der Natur leben, die gleiche Religion: sie ist aus der Notwendigkeit des Lebens entstanden und ein Teil derselben.

Aber ebenso klar erscheint nun auf der anderen Seite die Tatsache, daß der Mann, für den Wind und Wetter und Wasser und Erde und Sonne und Jahreslauf gleichgültige Dinge sind, der die Dampfkraft und die elektrische Kraft meistert, der dem Gesetz des Marktes unterworfen ist und dem die Bestimmung über den Ertrag seiner Arbeit entzogen ist, mit der Bauern- und Schifferreligion nicht viel anfangen kann. Und es ist kein Wunder, daß ihm die Predigten und Bücher darüber nichts sagen. Sein Leben und Sterben geht um andere Dinge, sein Glauben hat andere

Grundlagen, seine Abhängigkeit und seine Freiheit ist zu einem großen Teil in menschlichen und gesellschaftlichen Einrichtungen bedingt. Darum geht um die sozialen Dinge sein Besinnen und sein Kampf.

Das Bauernjahr.

Wenn er seine Arbeit fördern will, muß der Bauer das Wetter und den Acker und die besonderen Bedürfnisse der Frucht erforschen. Aus alter Erfahrung heraus hat sich das Bauerntum Wetterregeln und Arbeitsregeln gebildet, an die man sich hält. Vieles geht einfach auf praktische Erfahrung zurück:

Dinkel und Weizen muß man in trockenen, Haber in nassen Boden säen. Man muß das Korn *hineinbrennen* oder *hineinklingeln,* d. h. der Acker soll heiß sein von der Sonnenhitze, und die Schollen sollen beim Eggen klingen; der Haber aber soll in den Boden *hineingeschwemmt* werden.

Korn will dicke Saat und grobes, scholliges Ackerland, Haber will dünne Saat und aufgelockerten, feinen Boden; vom Korn gilt die Bauernregel: *Sä' mich wohl und egg' mich übel, laß mich hinter dem Schülben* (Schollen) *liegen.* Vom Haber gilt die Regel: *Sä' mich übel, egg' mich wohl, dann wird die ganze Scheuer voll.*

So gilt es beim Hanf, den Pflug zu sparen und beim Flachs die Egge, aber so dick zu säen, daß *ein Ochs den Samen auflecken kann.*

Besonders wichtig ist die Beobachtung des Wetters. Es sieht darum der Bauer immer nach den Wetterzeichen, er beobachtet den Wind, das Morgenrot und das Abendrot, er achtet auf den Mond und auf alle Zeichen, die auf Trockenheit oder Nässe, auf frühen oder späten Sommer oder Winter hinweisen.

Und es hat jede Gegend ein anderes Gesetz. Rauhe und kalte Landschaft sät früher und erntet später als milde Gegend. Für den Schwarzwald gilt: *An Bartholomä* (24. August), *wenn du Korn hast, so sä'*; *Ägidi* (1. September) *sä' Korn, wart nit bis mor'n*; *Ägidi sä' Roggen, sei nimmer verschrocken.* In Ellwangen heißt es: *An Michele* (29. September) *in der Tat gedeiht die beste Wintersaat* oder *Wer michlet, sichlet*; im Saulgau dagegen gilt: *Wer michlet, der nit sichlet.*

Für die Gartenbestellung und Frühjahrssaat werden ebenfalls bestimmte Kalendertage bevorzugt. Der Salat mit seinem harten

Samen kann schon an Fastnacht in den Boden gebracht werden. Gertrud (9. März) gilt als gute Gärtnerin: *Gertraud sät Kraut.* An Hiob (9. Mai) steckt man Bohnen; es ist jetzt auch die höchste Zeit für die Kartoffeln. Diese haben keinen bestimmten Tag, sie kommen dran, wenn das Sommergetreide bestellt ist; es gilt von ihnen die Bauernregel: *Steck' mich, wann du witt, vor dem Brachet siehst mi nit.* Hanf sät man am Urbanstag (25. Mai), Flachs am 31. Mai: *an Petronell, dann wächst er schnell.*

Außer solchen festen Tagen hat der Bauer allerlei Kennzeichen in der Natur, durch die er sich bei seiner Arbeit leiten läßt. In Freudenstadt heißt es: *Kommt der Wind an Oswald* (6. August) *aus dem Wald, so sä' bald, kommt er aus dem Gäu, so wart' no maeh.* In Blaubeuren auf der Alb gilt der Spruch: *Hagenbutzen rot, tut Säen not.*

Der Bauer achtet auf den Wegzug der Vögel, auf das Fallen des Laubes, auf die Mauser der Hühner. Wann es geschieht, früh oder spät, danach richtet er das Saatgeschäft.

Auch die Tageszeiten sind wichtig. Im Nagolder Amt wird abends gesät, und erst am Morgen wird der Samen hinuntergeeggt; er soll vorher vom Tau befeuchtet werden, um besser zu keimen. Der Vögel wegen, besonders in der Nähe von Wald und Obstgärten, sät man den Raps vor Sonnenaufgang. Hanf und Flachs muß vor 11 Uhr vormittags im Boden sein, damit die öligen Samen der Sonnenwärme recht teilhaftig werden.

Mit Recht sehr wichtig genommen wird vom Bauern der Wechsel des Mondes. Man weiß aus der Tatsache von Ebbe und Flut und aus allerlei Erscheinungen im Menschen- und Tierleben, wie begründet der Glaube an den Einfluß des Mondes ist; und die Bauernregel, die Witterungswechsel mit dem Mondwechsel zusammen nennt, wird von den Wetterkundigen bestätigt.

Aus dem Mondglauben der Alten überliefert ist die Regel, daß Haare und Nägel, um ihr Wachstum nicht zu schädigen, nur bei zunehmendem Monde geschnitten werden dürfen. So wird auch für die Saat die Zeit nach Neumond lieber gewählt als die Zeit nach Vollmond. Birken, die als Maien, und Tannen, die als Christbäume dienen sollen, halten nach dem Bauernglauben Laub und Nadeln besonders lange, wenn sie im zunehmenden Mond gehauen werden.

Es gehören aber diese Dinge, wenigstens zu einem Teil, hinüber in das nächste Kapitel.

Über Glauben und Aberglauben.

Wo seine Erkenntnis und seine Macht versagt, wendet sich der Mensch an die übernatürlichen Mächte. Die Frömmigkeit der Bauern läßt sie vor allem aus dem Gebete Hilfe erhoffen. So wird auch Saat und Ernte von der Anrufung Gottes und der Heiligen begleitet. Ein inbrünstiges Gebet ist fast immer auch mit vermehrter persönlicher Aufmerksamkeit und Leistung verbunden.

Daneben wird aber auch allerlei *Sympathie* gebraucht, d. h. die Menschen begnügen sich nicht mit dem Vertrauen auf Gottes Hilfe, sie möchten noch sicherer gehen; denn „etwas Gewisses weiß man nicht" und „besser ist besser". Wie Laban, der Schwiegervater Jakobs, sich neben dem Gott Abrahams noch allerlei kleine Hausgötter hielt, so glauben sich auch manche Bauern noch weitere Hilfe sichern zu müssen.

Dieser heimliche Glaube, dieser Aber- oder Afterglaube unserer Menschen, der sich an die Dinge zwischen Himmel und Erde hält, von denen unsere Schulweisheit sich nichts träumen läßt, war zu allen Zeiten da; er ist uns in seinem Kern aus der vorchristlichen Religion überliefert.

Die Religion unserer deutschen Vorfahren war eine Ausdeutung und Versinnbildlichung der Natur in der besonderen Prägung der deutschen Seele. Da nun die Natur die gleiche geblieben ist, und da auch der deutsche Mensch in uns derselbe geblieben ist, so ist unser ganzes religiöses Wesen, ist auch unsere volkstümliche Überlieferung durchtränkt und geleitet von alten religiösen Vorstellungen, die sich immer erneuern mit der Erneuerung der Natur.

So stecken unklare alte Gottesvorstellungen besonders den Bauern noch heute im Blut und richten in manchen Köpfen und Herzen den Wirrwarr des Aberglaubens an. Das Unsinnige, Heimliche, Versteckte und Verstockte desselben erklärt sich aus der Verwirrung, die entstand, als bei Einführung des Christentums durch Übereifer verdammt wurde, was vorher angebetet worden war, für schändlich und teuflisch erklärt wurde, was vorher als heilig und göttlich galt.

Es wurde damals die im *Hag* (Wald) wohnende weise Frau zur *Hexe*, es konnten die alten heiligen Tage Mittwoch und Freitag — die Wodan, Frigg und Freya eigen waren, mit denen man die wichtigsten Dinge begann, wo man die Ehen schloß, um den Segen des gütigen Gottes zu erlangen — nun nicht länger gelten. Wie diese Gottheiten, so wurden auch ihre Tage vom christlichen Standpunkt aus als unchristlich und unheilbringend angesehen. Und noch bis heute, wo die Erinnerung an den Religionswechsel längst erloschen ist, gelten Mittwoch und Freitag als Tage der „Ungeschickten", der bösen Geister, als Unglückstage, an denen nicht geheiratet und nichts Wichtiges unternommen werden darf.

Die Erinnerung an die alten Götter und auch an ihre Namen ist fast ganz erloschen, der Glaube an heimliche Mächte geblieben. Und an ihre Hilfe wendet sich nun Wunsch und Hoffnung. Ja, die alten vorchristlichen Vorstellungen sind zu einem guten Teil hineinverflochten in die christliche Vorstellungswelt, wie ja auch in der Zeit der Einführung des Christentums an die alten heiligen Orte Michaelskirchen und Martinskirchen gebaut wurden und wie ja noch heute naiver frommer Glaube in das Heiligtum alter Linden gerne das Bild des Gekreuzigten stellt.

Das möchte manchem bedenklich erscheinen, ist es aber nicht, da ja wahre Religiosität immer Andacht und Ehrfurcht ist, immer Sehnsucht ist nach einer reinen Welt.

Die Heimlichkeit hat freilich manchen Irrtum geschaffen; Kluges und Törichtes, Nachdenkliches und Spielerisches, Tiefes und Oberflächliches läuft nun nebeneinander her.

*

Der Donnerstag gilt als Glückstag. Mit ihm beginnt man, so wie andere wichtige Lebensdinge, gerne auch Saat und Ernte; und man hält es für verheißungsvoll, wenn die Arbeit auch an einem Donnerstag beendet werden kann.

Das Wetter des künftigen Jahres kann an den zwölf heiligen Nächten, den Losnächten, die zwischen Weihnachten und dem *obersten* oder *dem großen Neujahr* (Erscheinungsfest) liegen, erkundet werden; man füllt wohl auch zwölf Zwiebelschalen mit Salz, der Feuchtigkeitsgehalt desselben am Ende der Zeit zeigt trockene oder nasse Monate das künftigen Jahres an.

Der Glaube an die wechselnde Wirkung des Mondes gab Anlaß zu der Bauernregel, Halmfrüchte und Kraut bei aufnehmendem, die Wurzelpflanzen (Rüben, Kartoffeln, Klee) bei abnehmendem Mond zu säen, Zwiebeln im Vollmond zu stecken, damit sie recht dick werden, ebenda rote Rüben zu setzen, damit sie schön rot werden, im Leermond aber keine Gurken zu säen, da sie sonst leer verblühen.

Es wird hier allerlei Wortspielerei getrieben, man mißt schon dem Wortklang eine gewisse Zauberwirkung zu. Die Wundersucht (schwäbisch *Wunderfitz*) will auf irgendeine Art eben hinter die Geheimnisse der Dinge kommen. Man glaubt, die Rätsel erforschen und die Kraft der Mächtigen sich zueignen zu können schon durch Ausdeutung oder Ausnützung des Namens, durch ein dem Namen ähnlich klingendes Reimwort oder durch allerlei sinnbildliche Handlungen, wodurch Hilfe und Gunst erbeten wird.

Die Zeichen des Tierkreises erscheinen natürlich ebenfalls, da sie ja an sich geheimnisvoll sind, als bedeutungsvoll. Die Einfalt hat daraus die sonderbarsten Bauernregeln abgeleitet: Rettiche und Rüben sät man im Zeichen der Fische, damit sie keine Nebenwurzeln treiben (wie ja auch der Fisch einen ungegliederten Körper hat); Salat und Kraut, auch Rettiche und Rüben dürfen aber ja nicht im Zeichen des Schützen gesteckt werden, da sie sonst schießen. Kartoffeln sind im Zeichen der Zwillinge zu stecken, damit sie doppelt tragen, oder im Zeichen der Wage, des Gewichtes wegen; werden sie im Zeichen der Jungfrau ausgesät, so *überblühen* sie sich; die im Krebs gepflanzten werden krebsig, die im Zeichen der Fische oder des Wassermanns leiden unter der Nässe. Dagegen muß man in diesen Zeichen Hülsenfrüchte säen, dann kochen sie sich gut weich. Günstig ist aller Saat und allem Gewächs die Kraft des Widders, des Löwen und des Steinbocks.

Wo einmal so die wilde Einbildungskraft am Werke ist, macht die Zeichendeuterei und Tagewählerei, die ja eine uralte Menschensache ist, auch vor dem Heiligen nicht halt. Steckt man an Sother (22. April, dem 100. Wochentag nach dem Christtag, mit dem früher das neue Jahr begann) Kartoffeln, so sind 100 in einer Grube (Balingen)! Kraut, am Tag vor oder nach Himmelfahrt gesetzt, gedeiht, und wenn man es auf einen Steinhaufen setzt. Am Samstag, besonders am Karsamstag, soll man nicht in der Erde arbeiten, weil da Christus im Grabe lag. Für die Bohnensaat empfiehlt die Einfalt den Bonifaziustag.

Es gibt in Gerabronn eine Legende, die drei Weisen aus dem

Morgenlande seien bei ihrer Reise nach Bethlehem Bauern begegnet, die Mist auf das Feld führten. Da die frommen Männer müde waren, begehrten sie, auf den Wagen sitzen zu dürfen, was ihnen verweigert wurde. Da sie daraufhin den Mist verflucht hätten, so soll man in den Tagen zwischen dem Christ- und Erscheinungsfest nicht Mist führen.

Wie man Zeichen deutet und Sympathie braucht.

In der Christnacht, in der ja auch das Vieh im Stall redet und das Schicksal des neuen Jahres voraussagt, zeigen die Garben in der Scheuer die Zukunft an: welche Fruchtart am meisten Körner vom oberen Boden auf die Tenne herunterfallen läßt. die gedeiht im kommenden Jahre am besten.

Durch sinnbildliche Handlungen soll auf die Fruchtbarkeit des Ackers und auf das Gedeihen der Frucht eingewirkt werden. Merkwürdige Mittel hat da wieder die Einfalt gefunden: in das Flachsland wird ein gegabelter Weidenzweig gesteckt, damit sich der Flachs ebenso verzweige; damit die Bohnen reich tragen, steckt man sie, wenn die Uhr viele Schläge tut (um 12 Uhr) oder wenn viele Leute um den Weg sind, z. B. am Markttag. Es mag durch solche Dinge ja auch der Wunsch zu großer Fruchtbarkeit im Menschen besonders rege werden, und es wird angenommen, daß ein solcher Wunsch nicht ganz leer bleiben könne.

Wie am *Pfeffertag* (28. Dezember, dem Tag der unschuldigen Kindlein) die Kinder mit einem Tannenzweig, der Lebensrute, Verwandte und Freunde schlagen, damit die Kraft, die der lebendige Zweig darstellt, auf sie übergehe, so wird auch der Sämann oder gar der Acker mit der grünen Rute geschlagen; oder es wird mit Wasser gespritzt, damit der Regen nicht ausbleibe.

Über die Zeit der Saat und der Ernte werden alle, auch das Gesinde und die Tiere, besonders gut gespeist, um den Acker zu besonderer Fruchtbarkeit einzuladen; die Bäuerin backt, um das Gedeihen des Hanfes oder Rapses zu fördern, dem säenden Bauern einen ihm gedeihlichen Eierkuchen. Ja, der Acker selber wird gespeist: man bestreicht die Pflugschar mit dem Schmalz, in dem die Fastnachtsküchlein gebacken wurden.

Der Flachs wird eingeladen, recht hoch zu wachsen, indem der Sämann hohe Sprünge macht und hohe Würfe tut; beim

Zwiebelstecken soll man sich nicht aufrichten, damit die Stengel nicht in die Höhe schießen.

Es dünkt sich hier der Mensch ganz als Kamerad und Mitarbeiter und auf das engste verbunden mit der Erde; er gibt seine Kraft und der Acker gibt seine Kraft; Wille und Wunsch soll auf den Kameraden wirken, die sympathetische Handlung, der *Analogiezauber*, ist die sinnbildliche Sprache seines Wunsches.

Gebet und Opfer.

Es liegt nahe, bei der Speisung des Ackers und der besonders reichlichen Speisung der Menschen über die Zeit der Saat und Ernte an eine Opfergabe zu denken, die, wie ja immer, so auch hier, einem Priester zufällt.

Bei der Saat gilt es, auch die Mitgenießer am Ertrag des Ackers durch Gaben abzufinden. Wie die opfernden Priester den mancherlei Göttern einen kleinen Teil der geschlachteten Tiere oder der Erntefrucht darbrachten, so wird schon bei der Saat den Tieren des Feldes gespendet.

In Welzheim wird die erste Handvoll Saatkorn den Vögeln, die zweite dem Mehltau, die dritte den Mäusen geworfen; um die Vögel vom Gerstenacker abzuhalten, legt man an die vier Ecken kleine Häuflein Saatkorn aus und spricht dazu: *Das gehört den Vögeln*; oder man pflanzt für die Hasen an die vier Ecken des Ackers Krautsetzlinge; oder man nimmt während der Saat drei Körner unter die Zunge und legt sie nachher für die Vögel an die Stelle, gewissermaßen an die Türe, an der man den Acker betreten hat; die Raupen werden mit Worten abgespeist, sie werden eingeladen, *mit nach Köln am Rhein zu gehen, wo alle Tage Kirchweih sei.* Wohl als sinnbildliche Speisung ist es zu verstehen, wenn man bei beginnendem Hagel das Tischtuch, auf dem der Osterkuchen gegessen wurde, zum Fenster hinaushängt oder hinauswirft als Opfer für den das Brotgetreide fressenden Hagel.

Es mag hier eine kleine Geschichte stehen, die in Pfullingen bei Reutlingen erzählt wird: Der Blitz erschlug auf freiem Felde einem Pfullinger Bauern seine beiden Stiere. Als er später mit einem anderen Gespann auf dem Acker war und im Gewitter ein ferner Blitz aufleuchtete, sagte er: *So, schmeckst e Paar Öchsle?* spannte aus und fuhr schleunigst heim.

Diese Opfer bedeuten eine Abfindung unangenehmer Nutznießer des Ackers oder der Arbeit. Es gilt aber vor allem, nun auch den Schaden der feindlichen Mächte, des Unwetters, des Ungeziefers, des Unkrautes abzuwenden oder zu bannen und den Segen und die Hilfe der guten Mächte zu gewinnen.

Es muß auch hier wieder zuerst des natürlichen Mittels, des Gebetes und der gottesdienstlichen Handlungen gedacht werden: fromme Gesinnung begann, wie jeden wichtigen Lebensabschnitt so auch die Bestellung des Feldes, mit dem Gebet des Vaterunsers oder des Englischen Grußes oder wenigstens mit dem Anrufen der drei heiligen Namen. An Christi Himmelfahrt wird in katholischen Orten die Eschprozession gehalten, ein Bittgang durch die Felder unter Führung des Priesters, bei der auch um Schutz der Ernte gebetet wird. Bei Ungezieferplagen wendet man sich an besondere Heilige, z. B. in Leutkirch an den hl. Magnus, in Blaubeuren an den hl. Ulrich. In Welzheim betet der Bauer ein Vaterunser, wenn er die erste reife Ähre erblickt. Wenn schwere Gewitter heraufziehen, wird in evangelischen und katholischen Orten gebetet, drei Angelus oder der Wettersegen, oder es wird ein Kapitel aus dem Johannis-Evangelium gelesen, der geweihte Wachsstock angezündet oder Weihwasser durchs Fenster gegossen.

Zum allgemeinen Gebet wird aufgerufen durch das Wetterläuten. Manche Glocken stehen in dem Ruf, das Wetter zu bannen. Es gibt in Württemberg mehrere berühmte *Wetterglocken*, die die Gewitter aus der Markung vertreiben, darum von den Nachbarorten begehrt sind, gekauft oder gestohlen werden, dann aber selber zu läuten anfangen und ihre Heimkehr verlangen. So sprach die Glocke zu Bergfeld:

Susanne, Susanne,
zu Bergfelden will ich hangen,
zu Bergfelden will ich bleiben,
will alle Wetter vertreiben.

Oder es verkündet die große Glocke in Kißlegg grollend:

Hier will ich nicht hangen,
ich g'hör nach Ellwangen.

Gegen den Hagel werden auch allerlei praktische Mittel gebraucht: man tauft die Winterfrucht an Ostern, die Sommerfrucht an Pfingsten mit geweihtem Osterwasser, oder man hält die

Mittwoche (böse Tage!) vor Ostern und Pfingsten als Hagelfeiertage (Leutkirch), wobei um Verschonung der Felder gebetet wird.

In Ringingen auf dem Hochsträß, wo es sieben Jahre hintereinander gehagelt hatte, gingen die Männer an Ostern vor Tag betend ums Dorf.

. Es erinnert dieser Umgang an einen anderen derartigen Brauch: um Hagel und Ungeziefer von einem Garten- oder Feldstück fernzuhalten, muß es eine Frau vorwärts oder rückwärts zweimal oder dreimal unbeschrien umschreiten. Es wird so das Stücklein abgeriegelt, gewissermaßen ein Zaun von guten Wünschen und Kräften herumgelegt, daß nichts Böses hindurch kann.

Frauen und Kinder müssen einen solchen Gang tun, denn sie gelten als dem guten Wesen besonders nahe verbunden.

*

Als eine *Sympathie*-Handlung ist es anzusehen, wenn der Sämann nach der Saat scherzweise geprügelt wird; die Schläge gelten nicht ihm, sondern den die Fruchtbarkeit störenden Mächten, die man sonst auch durch Lärmen, Schießen, Peitschenknallen oder Feuer vertreiben kann.

Wie man glaubt, daß die Hexen in der Luft oder im Wasser ein Unwetter aufrühren können, so ist auch der Glaube verbreitet gewesen, daß durch *Besprechen* gegen das Feuer durch den Feuersegen, gegen den Hagel durch den Wettersegen, geholfen werden könne. Auch gilt der Glaube, wenn ein Kind oder eine Jungfrau die ersten Hagelkörner aufnehme und in der Hand schmelzen lasse, daß dann das Wetter aufhöre.

Wie die Schwalbe oder der Storch das Haus vor Feuer, so glaubt man, daß die fromme Wachtel durch ihren Ruf *Fürchtegott!* und *Trauaufgott!* das Feld vor Hagel schützen könne.

Auch gegen Krankheiten, die die Ernte zerstören, werden Mittel gebraucht: im Weinsberger Amt wirft man die drei ersten Hände voll Saatfrucht gegen Sonnenaufgang mit den Worten: *Ich säe Weizen auf mein Land und keinen Brand!*

*

Em Heuet.

Om Johanne rom isch Zeit,
daß dr Bauer d Wiese heut.

Etz muaß se dr Loh'le rege,
etzet muaß r nei ens Gschirr,
etzet schmilzt sei' Schmear wie Butter,
etzet wurd r spendeldürr,
etzet schloft r o'verloge
bloß no uf de Elleboge.

Aeb dr Morgestern verlischt,
wenns no dust ond dämer ist,
wenn dr Nachtgrabb s letzt mol schreit,
no isch fer de Baure Zeit.

Hehlenge, daß Vieh ond Kend
et vom Schlof verwache tent,
langt dr Bauer Kompf ond Seages,
macht se uf ond goht sei's Weages
sachte na de Wieseweag
übers Brückle, übern Steag.
s Vögele schloft no, ond em Trom
düsemlets em Äpfelbom,
ond dr Bauer betet geschwend
anegangs de Seage z End.

*

Horch, dr Tag ist nemme weit:
Gigrigi! dr Göckel schreit.
Übrem Berg wurd s Gwülk schao raot,
s wurd guet Wetter, s hot koi Naot!
Etz luegt d Sonn e bisle raus,
jaicht die wüeste Neabel naus!
Heidenei, ist dees e Freud,
was fer gscheckete Sache geit:
Nacht ond Grille send verfloge,
älles ist wie nui ond frisch,
d Welt ist volle Regeboge,
Sonntich isch en älle Büsch,
jedes Blatt ond jedes Gras
glitzt wie s Dokters Brilleglas!
Ond em Baure wurds beim Bseah
vor de Auge geal ond grea'.

*

Mittlerweilst ond überdies
kommt r an sei' Honichwies.

*

Mo dr Bauer etzet heu't,
hots viel War ond kleine Leut:
Hühlmäus, Emes, Schnecke, Schnoke,
Pfauskrotte, die wüeste Koge,
Grille, Frösch ond Hommeler,
Musikante, Brommeler!
Au dr Storich kommt iebott
ond dr Has dear kromm Klamott,
ond am Bächle hot sein Platz
e Grasschmätzerle mit seim Schatz!
Hot e Bloamehaus wie-e Grof,
sengt em Nachts sein Schatz en Schlof,
ond dr Morgesonneschei'
luagt zom Behnelädle rei'.

*

Aber wenn dr Bauer heu't,
frogt r nex noch kleine Leut,
wetzt sei' Seages, haörsch, wies tuat:
„Dr Wetz ist guet! Dr Wetz ist guet!"
Wicke, Esper, Gras ond Klaee,
Schmalzkachle ond Gugegai
haut r weg, bis d Herrlichkeit
rutzibutz am Boden leit. —
Soll et Mensch ond Vieh verderbe,
müasset Gras ond Bloame sterbe.

*

Ganz verdeckt von Gras ond Schertel
hockt e Rebhoah en seim Nest
ond verzwazlet und verbobbret
schier vor lauter Angst ond Jäst.

Wale nächer kommt dr Bauer,
aber s Heahle hockt wie-e Zeck;
s Hockebleibe gschieht ehm sauer,
aber s ka' et, s ka' et weg!

Älles schlächt de Pfärrich nore,
Frösch ond Käafer zieget aus:
Vor dr Seages goht sei's Weages
jedes weiter om e Haus.

s Heahle bleibt bei sei'-r-e Bruat,
wenns au tuat: „Dr Wetz ist guat!"

Wale nächer kommt dr Bauer —
Heahle, Heahle, etz tuats naot!
Oimol omer, zwoimol omer,
s drittmol, Heahle, wärs dei' Taod!

Etz pfurrts naus! — Vor lauter Schreck
schmeißt dr Bauer d Seages weg!

*

Was troddlet etz durchs Gatterle
ond schreit vom weitem „Vaterle!"
ond braucht sei' lustichs Schnäbele
ond trait e hülzes Gäbele?
s send ds Baure Kenderle, sei' Trud
onds Käsperle, dr Hoselud!

Klei Trudele em Leiblesrock
stolziert drhear wie-e Gliederdock!
Es zottlet ohne Kapp ond Schuah
drhenterdrei' dr Baurebua.
Ond s Trudele ond s Käsperle
die hent em Vatter s Vesperle!

*

Zwoi Geschäft ka' mr zmol et treibe:
Morom? weil mrs halt et ka'!
Drom leant d Baure ds Mähe bleibe,
wenn se hebet s Vespre-n-a'!

We-mr gmäht hot noch de Note,
no ist s Vespre Spielerei. —
Daß mr moi't, r häb koin Bode,
soviel goht en Baure nei.
Moost ond Brot ond Käs drbei
brengt de Vetter bald ens Blei.
Au dui Schwäch von deam Schreck
goht beim Vespre wieder weg!

Erntebrauch.

Als Zeit für den Beginn der Heuernte galt früher allgemein und gilt in den Gegenden mit spätem Sommer heute noch Sommer-Johanni (24. Juni); die Kornernte beginnt an Jacobi

(25. Juli); um Gallus ist die beste Zeit für den Weinherbst. Wenn aber der Schlehdorn vor Georgii blüht, so wird ebensoviel Tage vorher die Fruchtreife erwartet.

Die Ernte ist harte Arbeitszeit und doch ein hohes Fest. Die natürliche Freude äußert sich in Gesang und Tanz und froher Stimmung; selbstverständlich ist an solchen Tagen das reichere Mahl und der bessere Trunk. Und wie der Sämann das Geschäft der Saat mit reinen Händen und in reinen Kleidern besorgt, so ist auch für die Ernte ein gutes reines Gewand vorbereitet; auf der Schwäbischen Alb werden von den Mädchen da und dort an diesen Tagen neue Kleider angezogen.

Wieder sind, wie bei der Saat und bei allen wichtigen Dingen des bäuerlichen Lebens, auch bei der Ernte wichtige Tage und Dinge zu beachten. Der Segen der Erntefelder löst dankbares Gefühl aus, und es ist selbstverständlich, daß die Ernte mit Gebet und Lob begonnen und beschlossen wird. Wenn es sein kann, fängt man am Donnerstag an. In aller Frühe, schon um 6 Uhr, ist die Erntebetstunde in der Kirche. In der Ludwigsburger Gegend, auch um Heidenheim und Balingen herum, wird die Erstlingsgarbe auf den Altar gestellt. Die *Garbenmädchen* bringen sie, blumenbekränzte Mädchen folgen mit Tellern, auf denen allerlei Früchte des Feldes und Gartens liegen. Kindliche Frömmigkeit bringt die ersten Früchte ins Gotteshaus, von wo sie an arme Alte weitergegeben werden. Wo noch selbstgesponnenes Zeug getragen wird, kommen die Männer im weißen Zwillichrock oder tragen wenigstens eine weiße Schürze. Die Jugend steckt Blumen auf den Hut und ans Mieder; jetzt kommt der sorgfältig gepflegte Nelkenstock der Bäuerin zu Ehren, denn die Nelke gehört zum Schnitter und zur Schnitterin.

Das Frühmahl ist reichlicher als sonst; wo man Rosse hat, führt man die Schnitter mit dem Wagen hinaus; andere ziehen zu Fuß. Mit Gesang und frohem Scherz geht es zur frohen schönen Erntearbeit.

Der Bauer wartet schon draußen vor seinem Acker; er ist vorausgegangen, er spricht das Erntegebet, und er tut den ersten Schnitt mit der Sichel oder mit der Sense:

Bauer sei' des is e Freud:
Wenn dr Woize Ähre trait,
ziegt r hehlenge ond sacht
d Kappe ra vor so-r-e Pracht.

Für die Erntearbeit kommt der Bauer mit seinen gewöhnlichen Arbeitskräften nicht aus; es gilt, das reife Korn rasch zu schneiden und rasch in die Scheuer zu bringen. Früher als sonst beginnt daher die Arbeit und später schließt sie. Die Schnitter und Schnitterinnen sind schon monatelang zum voraus gedingt; das Verhältnis des Bauern und der Bäuerin zu ihnen ist ein herzlicheres, als es sonst Taglöhnern oder Ehhalten gegenüber üblich ist.

Es ist oben über die Bräuche bei der Saat manches gesagt worden, was sich ähnlich oder dem Sinne nach bei der Ernte wiederholt; es kann deshalb hier darüber etwas kürzer berichtet werden.

Auch bei der Ernte sind viele, dem Nichteingeweihten unverständliche Bräuche aus der Notwendigkeit der Arbeit herausgewachsen. Denn das Zusammenarbeiten vieler erfordert besondere Arbeitsteilung und Rücksichten, damit keines zu Schaden komme oder in seiner Arbeit gehindert werde. Es entsteht so ein Arbeitsritual, das auf das Peinlichste beachtet und eingehalten wird, selbst wenn es nicht immer verständlich ist. Denn es ist ein guter Glaube bei den bäuerlichen Menschen, daß die Überlieferung der Väter klug und nützlich sei und daß man dieselbe nicht ohne Schaden verlassen könne.

Der Vorschnitter bestimmt das Arbeitstempo, er bestimmt auch die Arbeits- und Vesperpausen, er schneidet zuerst vom Laib und bekommt den ersten Becher aus dem Krug und ist überhaupt berufen, seine Schnitterschaft zusammen- und bei guter Ordnung und Arbeitslust zu erhalten. Er stellt die Schnitter und Schnitterinnen an ihren Platz, er wetzt auch die Sicheln. Dabei ist es Brauch, daß die Sichel auf den Boden gelegt und von dort wieder aufgenommen wird, um Verletzungen zu vermeiden; denn Sichel- und Sensenschnitte sind sehr gefürchtet und heilen meist viele Wochen lang nicht. Genau bestimmt ist die Ordnung für das Schneiden und Sammeln, für das *Antragen* und Binden, für das Zugehen und Abgehen der Schnitter und Mäher, für das Tragen und Ablegen der Sensen und Sicheln; es entspricht der Brauch dem praktischen Bedürfnis. Wer seinen *Jan* (*Jao'*) bis zur Furche geschnitten hat, geht hinten herum.

Es ist das Jägerrecht der jüngsten Schnitterin, dem Ernteherrn den Ehrenstrauß zu überreichen und so zu einer kleinen Extragabe zu kommen.

Wenn das Feld abgeschnitten ist — bis es geschehen ist, wird mit der Mahlzeit oder dem Imbiß gewartet —, so setzt man sich nochmals mitten hinein in den Acker, also nicht etwa nebenan auf einen grasigen Weg oder einen Rain; denn es soll durch diese sinnbildliche Handlung der Acker zur Ruhe und zu künftiger Fruchtbarkeit eingeladen werden.

Von allen Bauernarbeiten ist die Getreideernte die feierlichste und schönste.

Bauer sei', wär mei Begehr:
I wüßt et, was schöner wär
ontrem blooe Hemmelszelt
als e golgeals Woizefeld!

Wenn em Morgneds d ·Wachtel schreit,
goht dr Bauer naus ond schneid:
Horch, wie 's lustich läut ond klenglet,
wenn dr Schnitter wetzt ond denglet,
luag, wie flenk dear lotschich Michel
etz hantiert mit seire Sichel,
wie die Mädle hinter drei'
sammlet ganze Ärm vool ei'!
Ja, ond guck no au, wie sauber,
heidenei, ist dees e Naot:
Hoor so gold wie Woize-n-ähre
ond wie ist dees Leible raot,
ond wie bäbberet dei' Mäule,
Evamig ond Annemreile!

Durch de ganze Zeah'te klenglets,
lachts ond schättrets, wetzts ond denglets,
übern Feldweg gnupft e Has,
grillegrille grillts em Gras,
s Rebheah'le em Haberacker
läutet seine Butzewacker,
d Lerich steigt am Loiterle bis
nuf an Hemmel schier,
loßt sei Trillernuster laos ond
hot doch koi Klavier!

Wenn es mit dem Wetter glückt und Weizen und Dinkel gut ausgereift sind, kann an einem Tag geschnitten, gebunden und eingeführt werden. Den Haber läßt der Bauer wenigstens zwei Nächte draußen liegen, damit der Tau darauf fällt; und man hat es gerne, wenn er beregnet wird, weil er dann leichter zu dreschen ist.

Die Garben wurden früher meist mit Roggenstrohbändern, mit Weiden oder Hopfenranken gebunden, heute meist mit Bändern aus Seegras oder mit Seilen. Ein seltsamer Brauch ist es, daß die übrigen Garbenbänder nicht auf dem Wagen heimgeführt, sondern heimgetragen werden, weil sonst Mäuse in die Garbenscheuer kämen!

Es ist verwunderlich, daß solch sicher sinnloses Brauchtum weiter geübt wird. Doch ist es eben so, daß der Bauer allem, was von den Vorvätern überliefert wird, einen Wert beimißt, auch wenn er den Sinn der Überlieferung nicht versteht; ja, das Geheimnisvolle und Rätselhafte hat auch bei ihm wie bei anderen Menschen besonderen Reiz und besondere Lebenskraft.

Nach dem Binden der letzten Garbe läßt man den Bindnagel, mit dem die Garbenbänder zusammengezogen werden, in der Garbe stecken und nimmt ihn erst in der Scheuer heraus; es gilt der Glaube, daß sonst die Garbenbänder sich lösen.

Wer die letzte Sammelt herbeiträgt, bekommt die *Mockel*, wie der Drescher, der beim Ausdreschen den letzten Schlag tut. Auch muß die jüngste Schnitterin aufpassen, daß sie nicht vom Garbenbinder mit in die letzte Garbe hineingebunden wird.

Es ist heute noch ein vielfach geübter alter Brauch, im letzten Zipfel des Ackers ein paar Handvoll Ähren stehen und beim Herbsten einige Äpfel, Zwetschen oder Trauben hängen zu lassen. Man nennt solche Äpfel *Tragäpfel* und hat den Glauben, daß sie die künftige Fruchtbarkeit herbeiführen. Auch ist es, als schäme man sich, dem Acker oder dem Baum das Letzte vollends zu nehmen.

Zugleich geschah das aber auch aus einem frommen Gefühl heraus: es sollten diese Früchte ein Opfer für die guten Feld- und Baumgeister sein. Und es hat dieser Brauch dazu noch einen schönen praktischen Wert: da ja bei keinem religiösen Ritual der Gott das Opfer selber verzehrt, so kommt es seinen Dienern, hier aber seinen besten und würdigsten Kostgängern, nämlich den Vögeln und den armen Leuten, zugute. Und es ist ganz gut, daß mit diesem Brauch allerlei Aberglauben verbunden ist, weil nur dadurch der Geizigen Hartherzigkeit gemeistert und überwunden werden kann.

Es mag hierzu noch eines angeführt werden: es gab eine Zeit, und sie ist noch nicht lange hinter uns, da ließen die Bauern Feldraine und steinige Plätze brach liegen und darauf allerlei

Heckenwerk und wildes Kraut wachsen, den Thymian und den *Guten Heinrich.* Im Frühjahr blühte dann in dieser Freiheit der Schwarzdorn; die Kinder und die Bienen kamen zu diesem Paradies, und die Vögel flogen ab und zu und bauten hier am liebsten ihre Nester. Und die Vögel gaben dem Bauern auch einen Zins, denn sie holten ihm die bösen Raupen von seinen Bäumen und sangen ihm den Sommer lang ein Konzert zu seiner Arbeit. Es war ein reicher Zins.

Die Blütenfreude, das Bienensummen und das Vogelkonzert konnte der Bauer ganz als sein Eigentum in Anspruch nehmen oder den Handwerksburschen und dem Herrgott einen Anteil davon ablassen. Denn Schlehenblüten und Finkenlieder gehören wie Morgenrot und Himmelblau zu den Dingen, davon jeder schöpfen kann, soviel er will, die Augen voll und das Herz voll: es kostet nichts, und es wird der Reichtum dadurch nicht weniger.

Der Bauer hat den Acker für sich genommen und ihn mit Marksteinen abgegrenzt; denn er muß da für alle Weizen bauen und Brot. Die Steinriegel und die Feldraine aber verblieben den Wanderburschen und den Kindern, den Bienen und den Finkenvögeln. Und die Ecke am Ährenacker, wo Korn und Klatschrosen und Winden ein heiteres Leben zusammen haben, ihre Feste feiern, mit dem Sommer blühen und vergehen, verblieb ihnen auch.

Wenn schon etwas Aberglauben dabei gewesen sein mag, so ist doch der Brauch zu loben.

Jetzt wird auch der letzte Feldrain eingeebnet, gegen die Hecken geht man mit Feuer und Axt vor, Kornäcker und Wiesen werden bis zum letzten Halm abgemäht. Man verlangt das heute so von einem tüchtigen Bauern.

Wo soll nun der Vogel auf dem Felde nisten, wenn die Hecke fehlt? Wohin soll er sich flüchten, wenn der Sperber auf ihn stößt wie der Blitz?

Nun sieht das Feld aus wie ein wohlbesetzter Tisch, davon man den Blumenstrauß weggenommen; das Bauernkind hat seinen Spielplatz, der Vogel sein Haus und der „Hans ohne Land" sein Erbteil verloren.

Ist der neue Zins, den der Bauer aus dem Ertrag des geringen Bodens erntet, ein Ausgleich dafür?

*

Sichelhenket.

Der Ehrgeiz lebt in allen, es möchte jeder als tüchtig und geschickt gelten; keiner will der Letzte sein, keiner hinter dem andern zurückstehen. Das ist überall, wo Menschen aufeinander schauen und sich vergleichen, das gilt auch bei Saat und Ernte. Auch hier muß, wer hinter den anderen dreinhinkt in der Arbeit oder wer eine schlechte Ernte hat, den Spott der anderen befürchten. Auch innerhalb der Arbeitsgruppen, beim Schneiden oder beim Dreschen, muß der Letzte „die Zeche bezahlen", oft in Wirklichkeit. Es steckt aber noch der geheime Glaube dahinter, daß er dem Acker gegenüber nun gebunden und mit der Schuld beladen sei bis zur nächsten Ernte, und der Spottname, *Mockel* oder *Kornbutz* oder *Ganser*, bleibt das ganze Jahr an ihm haften. Er wird dafür bei der *Sichel-* oder *Flegelhenke* von der Bäuerin reichlicher bedacht als die anderen.

Wenn der Wohlstand ins Haus kommt, gibt man gerne Geld aus für ein kleines Fest, werden die Geister sorgenfrei und aufgelegt zu allerlei Lust und Fröhlichkeit. Diese äußert sich im Tanz und Gesang, oft auch in allerlei lärmendem Spiel.

Der letzte Erntewagen wird mit dem *Erntemai*, einem grünen Birken- oder Erlenwispel, mit Blumen und farbigen Bändern oder Tüchern geschmückt; wo es möglich ist, spannt man dem Wagen vier Rosse vor. Es müssen aber die Schutzengel, die Kinder, dabei sein und oben auf dem Wagen sitzen; die Schnitter ziehen singend mit. Frommer und auch froher Dank ist in den Herzen und auf den Lippen.

Daheim werden die Sicheln an einem Balken nebeneinander aufgehängt; das Festmahl, das die Bäuerin diesmal besonders reichlich vorbereitet hat, wird aufgetragen; es gibt Bier oder Wein zu trinken; die Dienstboten erhalten noch besondere Geschenke an Geld oder Kleidungsstücken. Wenn es auch Sommer ist, fett müssen die Speisen sein; die Sichelhenke ist nicht denkbar ohne schmalzgebackene Küchlein, wovon erstaunlich große Mengen gegessen werden.

Wo der Nachtwächter noch die Stunden ausruft, gedenkt auch er in seinem sinnigen Spruch der glücklich eingebrachten Ernte.

*

Sommerfäde.

Wenn d Sommerfäde flieget
ond d Bläule stupfet raus
ond d Schwälmle wieder wanderet,
isch mit em Sommer aus.

Dr Fuchs stroift en de Hecke,
d Kornfelder standet leer,
etz fahrt dr lustig Schäfer
durchs Gweisch die Kreuz und Quer.

Etz send no d Täg am schö'ste,
dr Hemmel ist so bloo
ond d Berg so hell ond heiter
ond d Luft so lend ond loo.

Morom solls mi do blange?
Ist glei dr Sommer aus,
no raöter glitzt als Rose
e Hagebuttestrauß.

Schwäbischer Weinherbst.

Minne und Sang waren immer in Schwaben. Am fröhlichsten aber jauchzt das Lied im Weinland, wenn aus den Brunnenstuben des Rebstocks Wein und Freude gezapft wird.

Die schwäbischen Weingärten liegen an den Sommerhalden der steilen Keuperberge und der Muschelkalkterassen. Nur der Neuffener wächst auf dem Feuer der Lava.

Wer das württembergische Schwaben kennt, der wundert sich nicht des guten Weines, der hier wächst. Berg und Tal wechseln in lieblicher Mannigfaltigkeit; unten grünen die Wiesen, klappern die Mühlen, springen die Brunnen und die Forellen; oben träumen vergessene Schlösser, rauschen die Wälder, ziehen die silbernen Wolken; am Hange, zwischen Nebel und Wind, im Herzfleck der Sonne, reift der Wein.

Und hier liegt auch das Dorf. Mit einem Fuß steht es im Tal, der Leib ist angelehnt an die schützende Halde. Ein bescheidenes Glück hat hier seine Hütte aufgeschlagen.

Hier lebt und liebt, schafft und sorgt der schwäbische Wingerter. Diese kleine Welt ist seine Welt. Der Weinstock beherrscht die Landschaft und sein Leben. Hart ist seine Arbeit, unsicher sein Brot. Täglich drohen feindliche Mächte. Eine kalte Nacht im Mai, wenn die Eisheiligen Pankraz, Servaz und Bonifaz ihr Wesen treiben, macht die Arbeit eines ganzen Jahres zunichte.

Der Herbst ist sein täglicher Gedanke, ist Ziel und Erfüllung seiner Wünsche. Was das Jahr gebracht an Mühe und Schweiß und Schwielen, das müssen die Tage des Herbstes bezahlen. Ist es da ein Wunder, wenn Spannung und Lust sich auslösen in Gesang und Tanz? Ach, hinter den Tagen des Herbstes steht, wenn das Laub von den Reben fällt, wieder die harte Arbeit, wieder die Enge und der Zwang des Tages. Ohne die Lust des Herbstes wäre die Last des Winters und Sommers nicht zu ertragen.

We-mr de Herbst will reacht verstaoh,
no mueß mr en de Wei'herbst gaoh. —
Heidi heida, en Berg ond Taal,
juchuuts ond böllerts überaal,
wenns en de Wengert ontrem Laub
hangt blitzebloo ond Traub an Traub.
Etz ist em Wengerter sei' Zeit,
viel Müeh hangt dra', bis Traube geit:
em Herbst ist Zahltag fer s ganz Johr,
drom juutzt r so ond sengt wie-e Stoor.

Dr Spatz moi't au, dr Herbst sei sei',
r stellt mit Weib ond Kend sich ei',
r fluigt de ganze Wengert aus
ond suecht de beste Traube raus
ond johlt ond schreit ond macht en Krach,
als wär r en seim oigne Sach!
Ond wie au schießt dr Wengertschütz,
es goht halt et, des Volk, des knütz:
em Herbst macht sich dr Spatz e Fest,
r hockt em Wirtshaus en oim Jäst
von Morgeglock bis Obedglock
ond trenkt de Wei' gleich frisch vom Stock.

Heidi heida! von Berg ond Taal
juchuuts ond böllerts überaal,
ond alt ond jong ist uf de Füeß,
dr Ähnle au, r sait, r müeß;
mueß haöre, was dr Huirich gilt —
es ist ehm zwenich ond r schilt,
schilt helfe, s sott maeh z laöset sei',
uf sechs Stond wachs koi sotter Wei'!

We-mr de Herbst will reacht verstaoh,
no mueß mr en de Wei'herbst gaoh:
wie Brautwaag fahrt dr Wei'wag aus
mit Rollegschirr ond Bloamestrauß,
uf älle Stroße klenglets hell,
ens henterst Örtle roist dr Gsell,
weil überaal e Gscheiter sitzt,
mo s Maul schao nach em Nuie spitzt!

Der Weinstock ist die feinste Hexenküche, die es gibt. Der Herrgott selber ist der Apotheker, der Weingärtner sein fleißiger Famulus. Der Weingärtner kann pfählen, hacken, binden, geizen, spritzen und schwefeln, lesen und keltern, aber das Wetter machen kann er nicht. Und auf das Wetter kommt es an: der Mai muß warm, der Juni darf nicht kalt noch naß, der Juli soll nicht ganz trocken sein; was der August nicht kocht, kann der September nicht braten! Und soll der Saft in den Beeren und soll der Wein im Fasse schwellen, so darf auch im Herbst der Regen nicht fehlen. Das Wichtigste aber tut die Sonne: *Der Rebe und der Geiß ist es nicht leicht zu heiß!*

Ist das Jahr gut und der Wein wohl geraten, so vergißt der Weingärtner gern seine Mitarbeiter und Gesellschafter: „Das ist eigenes Gewächs," brüstet er sich, „mein lieber Mann, den Wein habe ich gebaut!" Ist aber der Jahrgang verunglückt, sind die Trauben hart, ist der Wein sauer, so überläßt er die Ehre und Verantwortung gerne den anderen und sagt: „So hat ihn der Herrgott wachsen lassen!" Wenn die Beeren strotzen vom Saft und klar und durchsichtig herausleuchten aus dem farbigen Laub, dann beginnen die Festtage des Herbstes. In feierlicher Weise wird der Beginn der Lese bestimmt. Die Herbstanzeige steht in den Zeitungen des Landes. Menge und Güte wird abgeschätzt und bekanntgegeben. Dabei wird der Wein immer etwas hinaufgelobt, schon um des Preises willen.

Die *Weinherren,* die oft durch mehrere Geschlechter ihren Weingärtnern treu bleiben, haben schon im Sommer den Weinberg besichtigt und den Kauf festgemacht. Das Handgeld bindet Verkäufer und Käufer. Der Preis selber wird bestimmt durch die Menge und Güte des Herbstes, er wird an der Kelter für den gesamten Ertrag eines Ortes gemeinsam oder für einzelne Sorten besonders gemacht. Gute Lagen und sorgfältig gebauter und gelesener Wein gelten mehr. Daher kommt der Ehrgeiz des

Weingärtners, ja nicht hinter dem Nachbar im Erlös zurückstehen zu müssen.

Die Lese selber ist wie ein Gottesdienst. In reinen Kleidern geht die ganze Familie schon in der Frühe hinaus, alt und jung nimmt an der Arbeit teil, Freude und Stolz ist in aller Augen. Die gefüllten Bütten und Züber werden zur Kelter gebracht, wo auf breiten Steinen riesige Bottiche aufgestellt sind. Dort werden die Trauben geraspelt; der herabfließende Saft, der *Vorlaß*, ist der beste Wein; den *Druck* (*Druug*) behält der Weingärtner meist selber, in Notzeiten oft freilich nur den aus den gewässerten Trestern (Trebern) gewonnenen Nachwein, die *Leire*. Werden die Trester nicht geleiert, so wird Schnaps aus ihnen gebrannt.

Die Jugend liebt es, die Spannung der Freude durch Jauchzen und Schießen zu entladen. Pistolenschüsse knallen, Schwärmer und Frösche krachen, die Mädchen kreischen in heimlicher Wonne, die Knaben beweisen ihre Männlichkeit durch Ruhe und Sicherheit.

Im Dorf ist ein lebhaftes Kommen und Gehen von Weinkäufern und von solchen, die den Herbst als Zaungäste mitmachen, um wenigstens eine Stunde Fröhlichkeit, einen Schoppen Süßen und ein herzhaftes Stück von dem guten Obstkuchen zu erhaschen. Die blumengeschmückten Weinwagen klingeln auf allen Straßen, in den Gasthäusern gibt es Gesottenes und Gebratenes, Mürbes und Schmalzgebackenes: es ist ja nur einmal Herbst!

„Beim Wein macht man Verträge und schließt man Frieden." Auch der Weinkauf wird mit einem herzhaften Weintrunk beschlossen. Weinkauf! Weinkauf! Wie sagt doch der weise Salomo? „Siehe den Wein nicht an, daß er so rot ist und im Glase so schön stehet! Er gehet glatt ein; aber darnach beißt er wie eine Schlange und sticht wie eine Otter!" (Spr. Sal. 23, 31).

Im Reich sind die schwäbischen Weine nicht recht anerkannt. Es gab aber eine Zeit, da war der schwäbische Wein sehr gesucht, nicht bloß in den österreichischen und bayerischen Klöstern. Die reichen Fugger ließen im Jahre 1590 gleich fünf Fuder, das sind 30 Eimer württembergischen Maßes oder 90 Hektoliter, von dem guten Heppacher Wein, den später auch Prinz Eugen mit dem englischen Marlborough so nachhaltig getrunken hat, zu einer Familienhochzeit nach Augsburg kommen und bezahlten für das Fuder 254 Gulden. Das war ein guter Preis, wenn man bedenkt, daß wenige Jahre vorher die Stadt Schorndorf 40 Morgen Wald um 191 Gulden gekauft hatte.

Heutzutage bleibt der schwäbische Wein fast ganz im Land, und es bleibt keiner übrig. Denn es gibt im Schwabenlande nicht nur mehr Störche als Frösche, sondern auch mehr Weintrinker als Wein. Und wie der Weinbau und wie die Weinernte mit Dank und Fürbitte verbunden ist, so ist für die echten schwäbischen Weintrinker auch der Genuß des heimischen Weines eine feierliche Sache und vermag schöne und dankbare Gefühle auszulösen.

Unter den schwäbischen Weinorten gibt es Vornehme und Geringe. Und allerlei Volkshumor weiß über die Besonderheiten zu berichten. Bekannt geworden sind weit und breit die Weine um Pfullingen und Reutlingen, davon der beste *Pfalzgraf* genannt wird und von dem die Rede geht:

> Dr Reutlinger der krätzt und beißt,
> wie wenn e Katz de Hals na kreist.
> Beim Pfullinger, da wurds eim ganz,
> als zieg mr's wieder ruf am Schwanz.

Wie die Reutlinger zu ihrem Wein kamen, darüber erzählt man sich folgende Geschichte:

Als unser Herrgott noch auf Erden wandelte von einer Stadt zur andern, lehrete und allerlei Zeichen tät und Wunder, kam er auf eine Zeit nach Metzingen im Schwabenland. Schultheiß und Rat der Stadt, die Edlen und die ganze Gemeinde nahmen ihn auf mit hohen Ehren, herbergten ihn gar wohl, buken auch Fladen und Strauben und ließen es an nichts fehlen, also daß der Herrgott, als er weiterzog, ihnen einen Wunsch freigab oder eine Bitte, so es nicht aus der Weis' wär, so wöllt er's ihnen bewähren.

Nun liegt das Städtlein Metzingen nit fernab dem Gebirge. Der Boden ist gar rauh und der Ort wird von kalten Winden heimgesucht, so daß an den Gehängen wohl Schlehen wuchsen und Hagenbutzen und Wacholderbeeren die schwere Menge, aber kein Wein. Wollten sie Wein haben, so mußten sie ihn mit ziemlichen Unkösten herführen auf der Achs von Eßlingen oder aus dem Unterland.

Als drum die Metzinger einen Rat gehalten, waren sie eins geworden, den Herrgott um Wein zu bitten, und sprachen: „Ach, lieber Herr, es ist ein gar trucken und karg Leben um Brot und Salz, und ein Tröpflein Wein möcht Alten und Jungen Kraft geben und Mut in bösen Tagen, dazu einem gottesfürchtigen Rat ein feines Ingenium bei allem Fürhaben, wär auch wohl von Nöten, so man einen Weinkauf trinken muß. Weil Du drum die Gnad gehabt, und uns eine Bitt freigegeben, so wöllen wir gar gehorsamst supplizieren, Du wöllest unsre Sommerhalden segnen, daß wir dort Wein pflanzen möchten wie unsre Nachbauren zu Neufen und zu Ouwen.

Der Herrgott nahm die Bitt gnädig an, und da er gesehen, daß unter ihnen keine Schlemmer und Demmer und nassen Vögel wären, so willfahrete er ihrem Wunsch und versprach ihnen den Wein.

Da er nun eine Zeit bei ihnen gewesen, nahm er Urlaub, zog weiter und kam nach Reutlingen, was eine freie Reichsstadt ist und wo viel wohlhabender Burger, Kaufleut, Gerber und Färber drinnen wohnten.

Es war aber das ganz Regiment der Stadt in den Händen der alten Geschlechter, die waren des Teufels, weshalb man sie nachmalen auch ihres Amptes enthoben. Diese großen Hansen aber hatten des Herrgotts wenig acht, stürzten sich auch seinetwegen nit in große Unkösten, sondern achteten sein als eines Terminierers und ließen ihm durch den Waibel ein gar gering Losament anweisen in einer Herberg am Stadttor, darin die Gartknecht pflegten zu bleiben.

Es war aber auf diese Zeit von Metzingen ein Burger, so ein Weber gewesen, seiner Hantierung halber nach Reutlingen kommen und gab es aus im Gasthaus, wo die Edlen und Fürnehmen beisammensaßen, wie der Herrgott wär bei ihnen gewesen und hätt ihnen verliehen, daß sie Wein bauen möchten auf ihren Sommerhälden.

Da horchten die Geldsäcke auf, riefen einen Rat zusammen und beschlossen, ein Übriges zu tun und den Herrgott zu festieren, damit er sie auch begabe mit Wein. Als sie aber hinkamen, nach ihm zu sehen, da war er weggegangen.

Da ordneten sie flugs zween Ratsherren ab, daß sie ihm nachreiseten, ihn zurückzuholen. Diese ereilten ihn zwischen Kirchentälesfurt und Lustenau und brachten mit feingedrechselten Worten Entschuldigung und Einladung vor. Der Herr ließ es gut sein, wollt aber nimmer umkehren. Da baten sie ihn, er möchte ihnen auch geben wie denen von Metzingen, daß sie Wein könnten bauen.

Der Gute sagte ihnen das zu, des sie wohl kontent (zufrieden) waren und wieder heimzogen.

Die Boten aber und der heilige Petrus waren des unzufrieden, daß er denen von Reutlingen auch verliehen, Wein zu bauen, und meineten, die Geizhälse hätten es nicht verdienet.

Da aber unser Herrgott gar fein lächelte und sagte: „Laßt gut sein, lieben Brüder, der Wein ist auch darnach!"

Mit diesem fröhlichen Schwank soll das Kapitel über Saat und Ernte schließen. Wer Augen hat zu sehen, und Ohren zu hören, wird überall in deutschen Landen selber dazu viel feines altes Gut finden, das ein Zeugnis ist guten und edlen Geistes.

MUNDART UND SCHRIFTSPRACHE

VON ALBERT ZIRKLER

Das Problem „Mundart und Schriftsprache" glaubte man lange Zeit in der Schule auf sehr einfache Weise lösen zu können. Man sagte: „Mundart ist verdorbenes Hochdeutsch! Folglich muß sie bekämpft werden." Noch heute finden wir diese Ansicht unter der Lehrerschaft weiter verbreitet, als man glauben möchte.

Da doch nicht geleugnet werden kann, daß die Mundarten sich bis in unsere Tage im allgemeinen lebensfrisch erhalten haben, so besteht ein offenbarer Widerspruch zwischen dem Leben und der Schule, die die Mundart unbeachtet beiseite liegen läßt oder hinausdrängt. Ja, noch mehr! Die Gegner und Verächter der Mundart befinden sich im Gegensatz zu den Ergebnissen der Wissenschaft, der neueren Sprachforschung und der Volkskunde.

Am klarsten hat Rudolf Hildebrand in seinem bahnbrechenden Buch „Vom deutschen Sprachunterricht in der Schule" bereits vor sechzig Jahren der Lehrerschaft Wege und Ziele gewiesen. Er sagt treffend: „Eigentlich darf man sich wundern, wie man es denn überhaupt je hat anders machen können, als das zu lehrende Hochdeutsch anzuknüpfen an das Deutsch, welches die Kinder schon mitbrachten?" Und er fordert darum: „Das Hochdeutsch sollte gelehrt werden im Anschlusse an die Volkssprache oder Haussprache." Daß wir bei der Durchführung dieser an sich als selbstverständlich erscheinenden Forderung immer noch am Anfang stehen, beweist am deutlichsten der „Neue Erlaß der Preußischen Unterrichtsverwaltung zur Pflege der Mundarten" vom 15. Mai 1922. Darin heißt es u. a.: „Es wird vielfach geklagt, daß die Schulen zur Berücksichtigung der

Mundart keine Zeit fänden. Demgegenüber sei darauf hingewiesen, daß die Schule bei einem lebendigen und Deutschkunde pflegenden Sprachunterricht die Heranziehung der Mundart ihrer Kinder kaum umgehen kann. Die Mundart klärt, zeigt im Vergleich mit dem Hochdeutschen älteren und neueren Lautstand nebeneinander, läßt einzelne Vorgänge aus der Sprachgeschichte anschaulich erleben, wahrt die Einfachheit und Natürlichkeit des Sprechens in der Schule, erfrischt und erfreut mit den Schätzen ihrer lebendigen Dichtung und mit ihren volkstümlichen Klängen Kinder und Eltern und ist so ein wertvolles Hilfsmittel bei der Einführung des jungen Geschlechts in die Schriftsprache". Die Frage „Mundart und Schriftsprache" ist — vom schulpraktischen Standpunkt aus gesehen — aufs engste verknüpft mit dem grundlegenden Problem „Mundart und Schule".

Im folgenden will ich nun versuchen, die Frage zu beleuchten: Wie kann die Mundart in der Schule berücksichtigt und gepflegt werden?

Es sollen nicht bis ins einzelne durchgeführte umfangreiche Lehrproben geboten werden. Vielmehr wird die Aufgabe von den verschiedensten Seiten aus betrachtet, um einen Gesamtüberblick in großen Zügen zu gewinnen, soweit es der gesteckte Rahmen erlaubt. Die angeführten Beispiele und Ausschnitte aus Lehrproben wollen den Lehrer anregen, sich eingehender mit diesen Fragen zu befassen. Aus Gründen einer leichteren Übersichtlichkeit ist der Stoff im Hinblick auf die einzelnen Unterrichtsfächer gegliedert. Manches wird dadurch getrennt erscheinen, was in der Praxis in lebensvollen Zusammenhängen und in sachgemäßer Verbindung auftritt, wie es besonders im Gesamtunterricht der Fall ist. Es soll und kann nicht andauernd im Unterricht von Mundart die Rede sein. Wo sich aber Gelegenheit bietet, wo das Interesse der Schüler geweckt ist, wird der Lehrer gewiß mit Nutzen die Mundart heranziehen können. Ausgangspunkt der Betrachtung ist im folgenden zumeist die obersächsische Mundart im Gebiet des Freistaates Sachsen, doch ist Wert gelegt auf die Untersuchung von allgemeinen Erscheinungen. Obwohl verschiedentlich auf die Unterstufe hingewiesen ist, werden sich die Beispiele und Anregungen besonders auf die Mittel- und Oberstufe beziehen. Dabei sei von vornherein betont, daß sich Sprachliches und Volkskundliches vom Standpunkt der Schule aus immer aufs engste berühren werden.

Im deutschen Sprachunterricht vor allem wird sich immer wieder Gelegenheit bieten, die Mundart zu berücksichtigen. Die Haussprache ist in den meisten Fällen das sprachliche Rüstzeug, was die Kleinen mit in die Schule bringen. So ergibt sich schon für die Unterstufe die Forderung, daß der Lehrer auf der vorhandenen Mundart weiterbaue.

Ein Beispiel mag genügen. Sollte bei den Kleinen einmal unvermittelt das Wort *Lob* vorkommen, dann werden sicher viele der sächsischen Kinder an *Laub* denken, denn das heißt in ihrer Volkssprache *Loob*. Hier wird nun der Lehrer etwa sagen: *Loob* sagt ihr zu Hause und auf der Straße, in der Schule wollen wir *Laub* sagen und schreiben. Das Wort *Lob* aber kommt von *loben*. Bildet Sätze mit *loben, Lob* und *Laub* usw. So wird die Mundart zu einem wertvollen Apperzeptionsmittel.

Die Sprachfertigkeit und Erzählfreude der Kinder wird nicht von vornherein gelähmt. Das muß jedoch eintreten, wenn der Lehrer bei jedem mundartlichen Ausdruck tadelnd sagt: „Das klingt aber schlecht! Wie muß es heißen?"

Die eigentliche, bewußte Pflege der Mundart kann erst auf der Mittelstufe und auf der Oberstufe einsetzen. Auch hier ist — wie auf der Unterstufe — die heimatliche Mundart, die die Kinder sprechen, der Ausgangspunkt. Später können die benachbarten und die übrigen deutschen Mundarten zum Vergleich herangezogen werden, sobald sich beim Lesen, Singen oder anderswo Gelegenheit dazu bietet. Gerade auch vom Standpunkt des Volkskundlers muß es wichtig erscheinen, daß in den Herzen der Kinder Achtung vor ihrer Haussprache und vor der Mundart überhaupt geweckt wird. Das Gefühl von der Minderwertigkeit des Dialektes wird bald verschwinden, wenn es dem Lehrer gelingt, die Kinder von der Gesetzmäßigkeit ihrer Haussprache zu überzeugen.

Ich möchte zur Erläuterung ein Unterrichtsbeispiel aus dem anregenden Schriftchen von E. Hofmann anführen „Die Leipziger Mundart und ihre Behandlung in der Volksschule" (Leipzig 1904). Der Verfasser berichtet: „In der Zwischenstunde vernehme ich im Gespräch zweier Mädchen den dialektischen Ausdruck *Kleed*. An meinen Mienen merken die Kinder, daß ich es verstanden habe, und schämen sich. Nun sollen sie aber das Wort *Kleed* auch einmal mit anderen Augen ansehen lernen. Ich fordere darum das eine Mädchen auf, den Satz anzuschreiben: *Was meinst du zu meinem Kleide?* Das andere mag denselben Satz im Leipziger Dialekt darunter setzen: *Was meenst du zu meinem Kleede?* Die Kinder sehen, wie sich das *ei* im Zeitwort *meinen* und im Hauptworte *Kleid* in das lange *ee* verwandelt, im besitzanzeigenden Fürwort aber unverändert bleibt. Das Interesse ist lebhaft erregt. Nun verlange ich von einem dritten Kinde, hochdeutsch bis drei zu zählen. Ein viertes mag es in der heimischen Mundart tun: *Eens, zwee, drei*. Wieder tritt die frappierende Verschiedenheit in dem Verhalten des *ei* zutage. Es müßte eine geistig furchtbar träge Klasse sein, wenn jetzt nicht die Augen anfingen zu leuchten und die Kinder mit gespannter Aufmerksamkeit am Munde des Lehrers hingen, von dem sie die Lösung des Sprachrätsels in ihrem Dialekt erwarten. Nun sage ich ihnen: Die Wörter *meinen* und *Kleid, eins* und *zwei* hatten ihr *ei* schon vor vielen hundert Jahren, *mein* und *drei* aber hießen damals *mîn* und *drî*. Jenes alte *ei* ist in der Schriftsprache geblieben, und die Mundart macht daraus ein *ee*; das alte *î* aber hat sich in der Schriftsprache zu *ei* verwandelt und wird von der Mundart nicht verändert. Findet man also ein Wort, das hochdeutsch mit *ei*, dialektisch aber mit *ee* gesprochen wird, dann kann man sicher sein, daß es schon in alter Zeit sein *ei* hatte, während alle hochdeutschen Wörter mit *ei*, die im Dialekt gleichlautend sind, einst das lange *î* besaßen. Da bekommt auf einmal unser Leipziger Alltagsdeutsch in den Augen der Kinder eine ganz andere Gestalt, und durch die erlangte Kenntnis der Gesetzmäßigkeit, die auch in der Mundart sich vorfindet, wird diese auf eine höhere Wertstufe gehoben und gleichsam geadelt."

Gerade die Lautlehre, die den Kindern und auch vielen Erwachsenen an sich langweilig erscheint, kann durch das Vergleichen mit der Mundart sehr interessant gestaltet werden.

Eine außerordentlich eingehende und umfassende Behandlung der Lautverhältnisse im Anschluß an die Mundart enthält das Buch von Josef Karlmann Brechenmacher: „Schwäbische Sprachkunde in ausgeführten Lehrbeispielen. Versuch einer bodenständigen Grundlegung des schaffenden Deutschunterrichts (Stuttgart 1925)".

Wieweit der Lehrer auf diese Verhältnisse eingehen will und kann, muß ihm überlassen bleiben. Immerhin werden die Kinder einen Einblick in das Werden und Leben unserer Sprache erhalten. Und diese Erkenntnis wird auch der Schriftsprache zugute kommen.

Lautlehre und Wortlehre treten in der Praxis eng verbunden auf. Auch hier sei nur auf ein Beispiel hingewiesen. Besonders naheliegend ist der Vergleich zwischen Schriftsprache und Mundart bei der Behandlung des zweiten Falles, des Wesfalles. Die Kinder sagen gewöhnlich nicht: *Des Vaters Hut* oder *der Hut des Vaters,* sondern sie sprechen in Sachsen: *'n Vat'r sei Hut,* im Niederdeutschen: *Anton sin Hot, Anna ähr Book,* (Antons Hut, Annas Buch), und in den oberdeutschen Mundarten ist es ebenso. Das Fehlen des Wesfalles ist „eines der bezeichnendsten Merkmale der deutschen Mundarten gegenüber der Schriftsprache" (Wiesner). Schon in einem der Merseburger Zaubersprüche können wir die Form finden bei der Stelle: *du wart demo Balderes volon sin vuoz birenkit.* Bei der unterrichtlichen Behandlung empfiehlt es sich, von der mundartlichen Form auszugehen. Man läßt zunächst diese an die Tafel schreiben, darunter die „Übersetzung": *Dem Vater sein Hut.* Daraus läßt sich ohne weiteres *Des Vaters Hut* entwickeln (Die „dichterische" Form). Durch Umstellung erhalten wir die einfachere, vielgebrauchte schriftdeutsche Form: *Der Hut des Vaters.* – Wir sehen hier deutlich, mit welcher Zähigkeit, wenn auch zumeist unbewußt, im Volke alte volkstümliche Formen weiterleben.

Ein weiteres Mittel, die Kinder Achtung vor der Mundart zu lehren, ist der Hinweis auf den Reichtum an anschaulichen mundartlichen Ausdrücken für irgendeine Erscheinung oder Tätigkeit. Man fordere z. B. die Kinder auf, die verschiedenen Bezeichnungen für *gehen, reden, weinen, regnen* usw. zusammenzustellen. Daß sich gerade Betrachtungen über Wortbedeutung, Wortbilder leicht an Mundartliches anschließen lassen, dürfte ohne weiteres klar sein. Hier kommt auch der Humor zu seinem Recht.

Auch bei der Satzlehre lohnen Vergleiche mit der Mundart. Das Streben nach anschaulicher Verständlichkeit, Klarheit des Ausdruckes und Kürze, das für die Mundart charakteristisch ist, wird auch für die hochdeutsche Sprach- und Stilbildung von Vorteil sein. Ich möchte in diesem Zusammenhang nur an die „wörtliche Rede" erinnern. Hier drängt sich bei der Wiedergabe von Zwiegesprächen und volkstümlicher Sprechweise eine Verwendung der Mundart geradezu auf. Man denke etwa an Reden und Gespräche auf Jahrmärkten, Schützenfesten, an die Anpreisungen der Budenbesitzer, der Ausschreier an Straßenecken, der „fliegenden" Händler usw. — Bei Aufsätzen, denen volkskundliche Stoffe oder Erlebnisse zugrunde liegen, kommen die Kinder oft selbst zur Anwendung der Mundart. Es mag genügen, einige Themen zu nennen: *Was die Großmutter erzählt* (Sagen, Märchen, Erlebnisse), *Alte Sitten und Bräuche meiner Heimat, Sprichwörter, Vom Ruporcht* (Ruprecht). Zu einer Bilderfolge *Adamson beim Zahnarzt* haben Dresdner Jungs ein kleines Theaterstück geschrieben, in dem Adamson, seine Frau und ein kleiner Junge Dialekt sprechen. Oder man denke an Kasperstücke!

Daß bei der Rechtschreibung die schriftdeutsche Form durch Vergleich mit der mundartlichen gefestigt werden kann, ist selbstverständlich. Das Sammeln und Aufschreiben von Kinderreimen und -liedchen (Abzählreimen usw.) ist eine gute Übung für das Hören der Laute und schärft das Auffassungsvermögen. Die Regeln von den Satzzeichen bei Aufzählungen und von dem Komma vor *und* lassen sich hierbei üben und befestigen.

Wer sich eingehender mit den Fragen des bodenständigen deutschen Sprachunterrichts beschäftigen will, dem seien einige Werke der neueren pädagogischen Literatur genannt und empfohlen: Michel und Stephan, Methodisches Handbuch zu Sprachübungen ([5] Leipzig 1911); G. Brandstätter, Heimatprinzip und Sprachlehre (Mainz 1920); neben der bereits vorher erwähnten „Schwäbischen Sprachkunde" ist von Professor J. K. Brechenmacher veröffentlicht worden: Deutsche Sprachkunde auf der Grundlage der Heimatsprache in ausgeführten Lehrbeispielen (Stuttgart 1927); Robert Trögel, Grundzüge einer Heimatkunde der vogtländischen Mundart (Meißen 1926), eine kleine, sehr anregende Arbeit. Otto Karstädts Schrift Mundart und Schule (Friedrich Manns Pädagogisches Magazin, Heft 346, vierte Auflage, Langensalza 1925) ist ganz besonders geeignet für jeden, der sich über die angeschnittenen Fragen einen Überblick verschaffen will.

Auf dem Gebiet der „heimatlichen Sprachkunde" eröffnet sich dem Lehrer, der sich in den Dienst der Sprachforschung und Volkskunde stellen will, ein weites Arbeitsfeld.

Beim Lesen, bei der literarischen, künstlerischen, ethischen und sozialen Erziehung kann und sollte die Mundart ebenfalls mehr Berücksichtigung finden. Hier kommt vor allem der Mundartdichtung große Bedeutung zu. Dabei erwächst dem Lehrer — der gewiß durch die vielgestaltig an ihn herantretenden Interessen und Anforderungen überlastet ist — keine wesentliche Mühe. Ein wenig Liebe zur Sache genügt, und er wird Liebe zu wecken vermögen. Die Vertiefung in die Dialektdichtung ist der aussichtsreichste Ausgangs- und Endpunkt aller Mundartbetrachtung. Die Berücksichtigung der Dialektdichtung ist das einfachste, leichteste und sicherste Mittel, um in den Herzen der Kinder Achtung vor der Mundart zu erwecken. Sie kann anderseits ein wertvolles Stück der Erziehung werden.

Die mundartliche Volksdichtung, als ein wesentliches Teilgebiet der Volkskunde, bildet mit all ihren Verzweigungen (dem Kinderreim, Kinderlied und Kinderspiel, dem Volksreim und Volkslied, der Sage und dem Märchen, dem Volksschauspiel und der Kleindichtung, wie sie uns in Rätseln, Sprüchen, Sprichwörtern und Inschriften entgegentritt) eine reiche Fundgrube, in der noch viel ungehobene Schätze verborgen liegen.

Auch die mundartliche Kunstdichtung, soweit sie der Volksdichtung nahe steht, darf nicht unberücksichtigt bleiben.

Wenn man einen Verteilungsplan aufstellen wollte, so würde sich etwa folgende Gliederung ergeben.

Auf der Unterstufe steht die Mundartdichtung des Heimatortes und der näheren Umgebung im Mittelpunkt der Betrachtung. Es handelt sich da vor allem um Kinderdichtungen, die die Kinder zumeist kennen: Wiegenliedchen, Kniereiterliedchen, allerlei Scherz-, Spaß- und Trostverschen, Reime und Lieder, die in das frohe Kinderjahr eingeflochten sind (Bastlösereime, Tierliedchen, Fastnachtssprüche, Auszählreime, Kinderspiele, Rätsel, Ratespiele u. a. m.).

Auf der Mittelstufe, im Anschluß an die Vaterlandskunde, wird die Mundartdichtung der weiteren Heimat in den Kreis der Betrachtung gezogen. In Sachsen z. B. ist es wünschenswert, daß die Kinder neben der obersächsischen Mundartdichtung auch charakteristische Proben aus der vogtländischen, erzgebirgischen und Oberlausitzer Dialektdichtung kennen lernen. Und schauen wir über die Grenzen! Da können uns die Dichtungen der deutschen Brüder in Böhmen, der Schlesier, der Thüringer, der Bewohner der Provinz Sachsen einen Einblick verschaffen in verwandtes Volkstum. Vergleiche mit der eigenen Dialektdichtung liegen nahe. An dem Reichtum der anderen entzündet sich der Forschungsdrang, erwacht die Entdeckerfreude. Die Kinder können so zu eifrigen Sammlern im Dienst der Volkskunde werden. Manches Verborgene, Vergessene kommt wieder ans Licht. Mein Versuch, an einer Dresdener Volksschule Abzählreime u. a. Verschen zu sammeln, hat sich reichlich gelohnt und ermöglichte Einblicke in die Kindesseele.

Erst kürzlich bekam ich von einer Meißner Volksschulklasse eine ansehnliche Zusammenstellung von Kinderreimen, Kinderverschen, Bauern- und Wetterregeln, Spottdichtungen, Rätseln u. a. m. zugesandt. Die Kinder hatten meine für die Jugend getroffene Auswahl „Sächsische Mundartdichtungen" (Langensalza 1925) gelesen und waren so zum Sammeln angeregt worden. Der Lehrer schrieb mir, es sei erstaunlich gewesen, mit welchem Eifer die Jungs an die Aufgabe herangegangen wären. Urgroßvater, Großmutter, Tante, Onkel und wer weiß wer noch sind alle von den Knaben ausgefragt worden.

Die Sammlung läßt deutlich erkennen, daß sich die Kinderdichtung bis in unsere Tage lebenskräftig erhalten hat und immer wieder neue Blüten hervorbringt. Auf dieser Stufe lassen sich ferner mit Erfolg mundartliche Sagen und Märchen behandeln. Auch hier können die Kinder zum Sammeln angeregt werden. Besonders gefreut habe ich mich über das Urteil eines Knaben, der im Vergleich zu den hochdeutschen Sagen äußerte: „Die Mundartsagen gefallen mir besser, sie klingen viel schöner und natürlicher".

Auf der Oberstufe können, im Anschluß an die Behandlung von Deutschland oder als Abschluß, kurz die übrigen deutschen Dialekte gestreift werden. Die Kinder sollen nicht nur die eigene, sondern auch die verschiedenen deutschen Mundarten achten lernen als ein Stück Heimat der einzelnen Stämme. Wir stellen uns damit in den Dienst der Gemeinschaftserziehung und betreten den Weg, der hinführt zur großen deutschen Volksgemeinschaft.

Zu einer eingehenden Vertiefung in die deutsche Dialektdichtung bleibt uns in der Volksschule wenig Zeit. Immerhin sollten charakteristische deutsche Volksdichtungen und geeignete Proben aus den Werken unserer besten Dialektdichter den Kindern nicht vorenthalten bleiben. Das „Übersetzen" in das Hochdeutsche wird den Kindern zumeist nicht schwer fallen. Allerdings muß der Lehrer in der Lage sein, bei besonders eigentümlichen Worten helfend und erklärend eingreifen zu können.

Die Beschäftigung mit der Mundart befähigt die Kinder auch, leichtere Proben aus der älteren deutschen Dichtung zu verstehen. Durch den Vergleich mit Kinderliedchen und -reimen wird die altdeutsche Dichtform, der Stabreim (die Alliteration) ohne weiteres verständlich, denn in den Kinderdichtungen lebt ja noch heute die alte Form weiter, man denke an die Wundsegen. Auch das schöne Minnelied aus der Briefsammlung des Mönches Wernher von Tegernsee *Dû bist mîn, ich bin dîn, des solt dû gewis sîn* ... werden die Schüler leicht übersetzen können. Es sei ferner noch erinnert an Sprüche aus Freidanks Bescheidenheit, an Spiele von Hans Sachs, an Proben aus Luthers Sprichwörtersammlung in der ursprünglichen Fassung, an Landsknechtlieder usw. So wird die Mundart die Brücke zum Verständnis unserer älteren deutschen Dichtung. —

Gerade im Anschluß an die Mundartdichtung kann der reiferen Jugend am deutlichsten das Wesen der Dichtung klargemacht werden, die Bedeutung von Reim und Rhythmus, die engen Beziehungen zwischen Leben und Dichtung, das selbsttätige Weiterschaffen. Wir können hier dem Urquell dichterischen Schaffens am nächsten kommen. Volksdichtung und volkstümliche Dichtung sind wesentliche Entwicklungsstufen auf dem Wege zu den Höhen der Kunstdichtung. So steht die Mundartdichtung im Dienst der literarischen und der künstlerischen Erziehung.

Die wahre Mundartdichtung enthält zahlreiche Stoffe gemütbildenden Inhalts. Sie vermag wohl an ihrem Teil zur Belebung des gesinnungsbildenden Unterrichts beizutragen (Religionsunterricht und Lebenskunde). Liebe zur Heimat ist der Urgrund aller Mundartdichtung. Sie kann auch gleiche Liebe in empfänglichen Herzen entzünden. Und besonders, wo ernste Gedanken und Gefühle ausgedrückt werden, wird auch die Dialektdichtung zur Besinnlichkeit in Lebensfragen anregen, wird sie Liebe zu Mensch, Tier und Pflanze wecken, Verständnis für Volksbrauch und Volksglauben anbahnen. Sicherlich werden die tiefempfundenen Gedichte von Klaus Groth (z. B. Min Jehann, Abendfreden), Dichtungen von Fritz Reuter (etwa Stücke aus Hanne Nüte), von Johann Peter Hebel und Franz Stelzhamer in den eingestimmten Kinderseelen nachhaltige Eindrücke hinterlassen. Für den östlichen Teil Mitteldeutschlands kommen in Frage: der Thüringer Anton Sommer (Rudolstadt), die Vogtländer Louis Riedel, Willy Rudert, Max Schmerler, die Erzgebirger Wild, Hans Siegert, Max Wenzel, der Oberlausitzer Rudolf Gärtner, der Schlesier Karl von Holtei und deutschböhmische Mundartdichter. Um nur noch einen Hinweis zu geben: wie läßt gerade das Thema *Weihnachten in der Mundartdichtung* tiefe Einblicke in die Volksseele zu. In dem erzgebirgischen Heiligabendlied z. B. sind alte Sitten und Bräuche wie in einem Spiegel eingefangen. Oder es sei noch an die volkstümlichen Weihnachtsspiele erinnert. Unter den Kunstdichtungen steht Ludwig Thomas *Heilige Nacht* mit an erster Stelle.

Wenn es mit der Pflege der Mundartdichtung in der Schule vorwärtsgehen soll, so müssen dem Lehrer vor allem Hilfsmittel zur Verfügung stehen. Denn gerade auf diesem Gebiet ist es nicht leicht, unter dem wie Unkraut wuchernden Minderwertigen und Wertlosen das Gute herauszufinden. Es ist deshalb zu fordern, daß erstens für jede Landschaft wenigstens eine billige, kindertümliche und wertvolle Sammlung der betreffenden Mundartdichtung (Volks- und Kunstdichtungen) für die volksschulpflichtige Jugend vorhanden ist. Norddeutschland besitzt eine reiche Jugendschriftenliteratur (Vgl. das „Verzeichnis plattdeutscher Bücher für die Jugend", Bremen 1926). Für Sachsen habe ich versucht, in dem in Langensalza 1925 erschienenen Heftchen „Sächsische Mundartdichtungen" und in Nr. 176 der Deutschen Jugendbücherei „Mundartsagen aus Sachsen" eine Auswahl zu treffen. Für österreichische Kinder sind recht geschickt „Mundartliche Dichtungen", gesammelt und ausgewählt von Schnöll und Springenschmid (Österreichischer Bundesverlag. Wien 1926). Zweitens brauchen wir als Rüstzeug für die Hand des Lehrers größere Zusammenstellungen von wertvollen Mundartdichtungen. Erwähnt seien: Otto Karstädt, Plattdütsch Blomengarden (Gedichtsammlung, Braunschweig 1922), Janssen und Schräyel, Hausbuch niederdeutscher Lyrik, Niederdeutsches Balladenbuch (München 1925 bzw. 1926), Walther Ziesemer, Die ostpreußischen Mundarten (Breslau 1924), Wilhelm Lehnhoff, Westfälische Mundarten (Dortmund 1920), Albert Zirkler, Hausbuch sächsischer Mundartdichtung. Band 1: Volksdichtung (Leipzig 1927). — Ferner gehört in die Lehrerbücherei jeder Schule wenigstens eine gute Auswahl aus der gesamten deutschen Dialektdichtung. Hingewiesen sei auf C. Regenhardt, Die deutschen Mundarten. Drei Bände (Berlin 1899); Oskar Dähnhardt, Heimatklänge aus deutschen Gauen. Drei Bände (Leipzig 1901 ff.). Von kleineren Auswahlen sei empfohlen: Wilhelm Kahl, Deutsche mundartliche Dichtungen (Leipzig 1901); K. Ernst, Proben deutscher Mundarten (Bielefeld 1920); Hans Reis, Die deutsche Mundartdichtung (mehr nach sprachwissenschaftlichen Gesichtspunkten) Sammlung Göschen Nr. 753.

Schließlich sei noch kurz auf einige Unterrichtsfächer hingewiesen, in denen teils die Mundart, teils die Mundartdichtung berücksichtigt werden kann und sollte. In den folgenden Fächern trägt die Mundart einmal zur Klärung der Sachinhalte bei, sie dient zugleich aber auch der Sprachschulung. Bisher war die Mundartdichtung vor allem im Hinblick auf die literarische Erziehung betrachtet worden. Jetzt sollen noch einige Proben aus dem Erdkundeunterricht angeführt werden.

Schon bei dem Unterricht in der Heimatkunde ist besonders bei Kindern der ländlichen Bevölkerung z. B. ein Hinweis auf die Orts-, Straßen- und Flurnamen zu empfehlen. In Dresden-Neustadt heißt noch heute im Volksmunde ein Stadtteil *Viehbch.* In diesem Wort hat sich die Erinnerung an den *Viehweg* (*Fiebiger* usw.) erhalten.

Vor allem in dem weiteren Erdkundeunterricht, bei Betrachtung des engeren Vaterlandes und der deutschen Lande sollte nicht unterlassen werden, durch kurze Hinweise auf die Mundart und Darbietung von charakteristischen Proben der betreffenden Landschaften die Kenntnis von Land und Leuten zu vertiefen. Das war nicht selten der Fehler, daß der Lehrer infolge einer eingehenden Behandlung der Erdbeschreibung eines Landes nicht Zeit fand, die Kinder mit den Bewohnern selbst und ihrer Eigenart, die sich gerade in ihrer Sprache ausdrückt, bekannt zu machen. Über den Dingen wurde der Mensch vergessen. So hat z. B. die Schwarzwaldlandschaft nicht nur in ihren malerischen, zweckmäßigen Bauernhäusern einen charakteristischen Ausdruck gefunden, sondern das Bild wird wesentlich nach der menschlichen Seite hin vertieft, wenn wir die Kinder in großen Zügen mit dem Schaffen (vielleicht auch mit dem Leben) von zwei hervorragenden Vertretern dieses Stammesgebietes bekannt machen: mit den Bildern des Malers Hans Thoma und mit einigen alemannischen Gedichten von Johann Peter Hebel. — Das Lesen der humorvollen Geschichte von den sieben Schwaben bietet verschiedentlich Gelegenheit, auf die Eigentümlichkeiten der schwäbischen Mundart einzugehen. — Einen Einblick in die wirtschaftlichen Verhältnisse der Lüneburger Heide gewährt uns der Bauernspruch: *Hei und Holt sind dem Buren sin Stolt.* Auch bei Löns findet sich viel Mundartliches. — Helgoland ersteht in lebendigen Farben vor unserem geistigen Auge in dem Spruch: *Grön is dat Land, rood is de Kant, witt is de Sand, dat is de Flagg vun't hillige* (heilige) *Land.* Die österreichischen Dialekte kennen zu lernen, bietet sich beim Lesen der schönen Hefte der Österreichischen Jugendrotkreuz-Zeitschrift wiederholt die Möglichkeit.

Bei einer abschließenden Betrachtung von Deutschland läßt sich im Zusammenhang mit der landschaftlichen Gliederung in Nord-, Mittel- und Süddeutschland die Einteilung der Stammessprachen in drei Gruppen zeigen, in die niederdeutsche Sprache, in die mitteldeutschen und die oberdeutschen Mundarten. Es sei nur erinnert an die Unterschiede in der Aussprache: *Sch-prache, sch-tehen, Sch-teen* (Stein) im Gegensatz zu dem Niederdeutschen: *S-prache, s-tehen, S-teen.* Man denke ferner an die Besonderheiten in der Bezeichnung (oberdeutsch — niederdeutsch), die auch in die Schriftsprache übergegangen sind: *Föhre — Kiefer, Geiß — Ziege, Hafen* (*Hafner*) — *Topf* (*Töpfer*), *Rinde — Borke, Stadel — Scheune — Scheuer, Stiege — Treppe, bügeln — plätten* usw.

Auch im Geschichtsunterricht kann die Mundart zur Bereicherung und Vertiefung unseres Wissens auf historischem und sprachlichem Gebiet beitragen. Die Frage nach der Entstehung der Mundarten der Neustämme östlich der Elbe, der sogenannten „Siedlermundarten", läßt sich anschaulich im Zusammenhang mit der Kolonisation, mit der Wiederbesiedlung des deutschen Ostens beantworten. Die nahe Berührung mit den Sorben (Wenden) ist der Grund, daß sich in den ostdeutschen Mundarten noch heute Ausdrücke aus dieser slawischen Sprache erhalten haben. So sind sorbischen Ursprungs die Bezeichnungen: *Basch* für Schwein, *Mutsche* für Kuh, *Bielchen* für Gänschen (*pilo*), *Husche* für Gans (*huso*, Huß!), *Bäbe* für Napfkuchen (wohl von *baba* = altes Weib mit Runzeln). In der Oberlausitz, in Schlesien und Deutschböhmen ist der slawische Ausdruck *Kreen* für *Meerrettich* noch heute gebräuchlich. — An die Schrecken des Dreißigjährigen Krieges erinnert in anschaulicher Kleinmalerei das Kniereiterliedchen, das in Deutschland weit verbreitet ist: *Reiter zu Pfär, der Sattel is leer. Die Schweden sin kummen, ham alles mitgenummen, ham Fenster eingeschlagen, hams Blei vertragen, ham Kugeln draus gossen, ham Bauern erschossen. Piff, paff, puff!* (Mittweida in Sachsen). Auch in der übrigen Mundartdichtung finden wir genug Darstellungen von geschichtlichen Begebenheiten. Es sei nur an Fritz Reuters „Franzosentid" erinnert.

Im Naturgeschichtsunterricht wird man die mundartlichen Tier- und Pflanzennamen nicht unbeachtet beiseite lassen. In Sachsen ist z. B. die Bezeichnung: *Krautheet* sehr gebräuchlich. *Heet* bedeutet Haupt (niederdeutsch *hoewet*, englisch *head*). Sehr verbreitet sind auch die Pilznamen: *Moosheedel, Braunheedel.* Der *Eierschwamm* wird in Sachsen *Gählchen* (gelb), in Norddeutschland *Pfifferling* genannt. Oder man denke an Bezeichnungen für Schmetterlinge, Vögel, Ameisen u. a. m.

Im Gesangunterricht soll auch das mundartliche Lied gepflegt werden. Es empfiehlt sich — etwa im Zusammenhang mit der Erdkunde —, Kinderlieder, Volkslieder oder volkstümliche Lieder einzuflechten. Das vogtländisch-egerländische Lied vom *Rußbuttenbu,* in dem die Erinnerung an eine zumeist vergessene Volksgestalt weiterlebt, kann nur im Dialekt seine Ursprünglichkeit und Bodenständigkeit bewahren. Neben dem Heimatlied sollen die charakteristischen Mundartlieder aus den verschiedenen deutschen Gauen nicht vergessen werden. So haben ja auch z. B. die Lieder „Muß i denn", „Jetzt gang i ans Brünnele", „'s Mailüfterl" in Deutschland weite Verbreitung gefunden.

Die begabten Kinder, die in der Volksschule bereits Unterricht in einer Fremdsprache erhalten, werden vielfach eine Verwandtschaft mit ihrer Mundart selbst herausfinden. Vor allem Englisch und Plattdeutsch berühren sich naturgemäß sehr eng. Lehrer der Fremdsprachen bedienen sich mit Erfolg dieses wertvollen Hilfsmittels, wie die darüber vorhandene Literatur beweist.

Selbst im Kurzschriftunterricht kann die Mundart zur Erläuterung herangezogen werden. Gabelsberger hat sein System aus dem Wesen der Sprache her aufgebaut. Mit Interesse hat er die Mundarten studiert. Charakteristische mundartliche Erscheinungen — das Streben nach Kürze, das Weglassen von Silben und Endungen — hat er bei seiner Redezeichenkunst berücksichtigt. So läßt sich z. B. die Darstellung der tonlosen Endsilben (*stehn* statt *stehen* usw.) leicht aus der Mundart erklären. Es ist erfreulich, daß diese Gedanken auch in die neue Reichskurzschrift mit übernommen worden sind.

Daß sich bei Elternabenden und Schulfeiern Gelegenheit bietet, die Mundart und Mundartdichtung zu pflegen, sei nur erwähnt (Kasperstücke, Volksschauspiele).

Auf Klassenwanderungen, bei Ferienwanderfahrten, während des Ferienaufenthaltes bei Verwandten, bei Erholungsurlauben in den verschiedenen Heimen ist es den Kindern möglich, mit „anderssprechenden" deutschen Stammesbrüdern in Berührung zu kommen. Die Erfahrung hat gelehrt, daß die Anpassungsfähigkeit der Kinder an fremde Dialekte oft ganz erstaunlich ist.

Bei der neuen Lehrerbildung wird eine bewußte Betonung der volkskundlichen Werte auch die Pflege der Mundarten einschließen. Wir erwarten von dem neuen Lehrer, daß er ein tatkräftiger Mitarbeiter auf dem Gebiete der Volkskunde werden wird.

Ferner sollten die Lehrer die Gelegenheit nicht unbenutzt lassen, auf Ferienreisen mit den betreffenden Volksgenossen zu sprechen. Wer es versucht, sich in die „fremde" Mundart zu vertiefen, der wird bald spüren, wie die Achtung vor der Mundart ein Schlüssel zum Herzen des Volkes werden kann.

Alle Arbeit im Sinne der Mundartpflege ist Dienst am Volkstum. Wir müssen endlich dahin kommen, daß es als ein Zeichen großer Unbildung erkannt wird, wenn deutsche Volksgenossen sich untereinander wegen ihrer Heimatsprache verspotten. Steht dies doch einer gegenseitigen Annäherung durchaus im Wege. Schon um hier Abhilfe zu schaffen, ist die Pflege der Mundart in der Volksschule von großer Bedeutung.

Zum Schluß sei betont: Wir sollen die Mundart in der Schule pflegen einmal um ihrer selbst willen; denn Mundart und Mundartdichtung besitzen ihren eigenen Wert. Andererseits dürfen wir aber nicht vergessen, daß das Ziel aller Spracherziehung in der Schule ist, die Kinder zu befähigen, daß sie die deutsche Gemeinsprache so weit wie möglich rein und bewußt gebrauchen können. In diesem Sinne kann und soll die Mundart Mittel zum Zweck sein. Wir dürfen nicht „auf der Mundart kleben bleiben“, wie Rudolf Hildebrand einmal gesagt hat. Letzten Endes sind Schriftsprache und Mundart keine Gegensätze mehr, wenn wir erkannt haben, daß „der Weg in die Geistigkeit der Schriftsprache über die erdgebundene Kraft der Mundart führt“.

DIE DEUTSCHE VOLKSSAGE IN DER VOLKSSCHULE

am Beispiel der Sagengruppe „Geheimnisvolle Kräfte der Lebenden" erläutert

VON KARL PLENZAT

Die deutsche Volkssage tritt dem Volksschüler im gedruckten oder gesprochenen Wort entgegen. Als Lesestoff findet er sie in seinem Lesebuche oder Lesehefte und in Einzelschriften, die die zuerst genannten — namentlich nach der heimatlichen Seite — ergänzen oder ersetzen. Nicht minder bedeutsam ist die Rolle, die die Volkssage als Erzählstoff spielt: Lehrer, Mitschüler und Angehörige, zuweilen auch sagenkundige andere Personen des Heimatortes sind die Künder, die ihre Schätze gelegentlich oder planmäßig beisteuern.

Ihren festen Platz hat die Volkssage im Deutschunterricht, wo sie etwa vom vierten Schuljahre an zunächst das Volksmärchen begleitet, dann ablöst. Aber auch der Unterricht in Geschichte und Erdkunde wie gelegentlich der in Religion und Naturkunde kann der Sage nicht entraten. Tritt sie meistens um ihrer selbst willen auf, so ist sie doch auch häufig genug Ergänzungs- und Erläuterungsstoff, was beispielsweise für den Deutschunterricht durch Erwähnung der Goetheschen Balladen *Erlkönig — Fischer — Hochzeitslied* erhärtet werden soll. Sie rufen geradezu nach der Erzählung von Sagen, die ihren Fabeln verwandt sind.

In einem der letzten Schuljahre wird der Unterricht Gelegenheit suchen, den allmählich gewonnenen Sagenschatz zu ordnen, zu überschauen und zu werten. Je freier der Lehrer dann selbst über den Stoff gebietet, je besser wissenschaftlich begründet seine eigenen Anschauungen von Wesen und Wert der Sage sind, desto ersprießlicher werden solche Zusammenfassungen sein.

Bevor nun an dem Beispiel einer Sagengruppe gezeigt werden soll, wie etwa Unterrichtsstunden, die der Sage gewidmet sind, verlaufen können, seien einige Bemerkungen allgemeiner Art vorangeschickt.

Auf die gedruckte Form der Sage, die durch Lesebuch, Lesestoff oder Einzelschrift geboten wird, hat der Lehrer selbst keinen Einfluß. Hier herrscht leider noch oft das Bestreben, die Sage „aufzuputzen", zu „verschönern", zu „ergänzen" oder gar sie in gutgemeinten Reimen darzubieten. Wie Sagen schriftlich fixiert sein sollten, hat Friedrich Ranke in seinem Buche *Die deutschen Volkssagen*[1]) gezeigt; leider haben nur wenige Lesebücher wie das Hirtsche[2]) den Weg zu ihnen gefunden.

Bietet der Lehrer die Sage durch seine eigene Erzählung, so wird er sich von den eben erwähnten Gegenbeispielen schrecken, vom Beispiele Friedrich Rankes leiten lassen und sich vor allem hüten, verfälschte oder untergeschobene erfundene Sagen weiterzugeben. Daß die Gefahr der Irreführung durch Verbreiter angeblich dem Volksmunde abgelauschter Volkssagen in stärkerem Maße vorhanden ist, als der Gutgläubige anzunehmen geneigt ist, mag die Tatsache beweisen, daß der deutschen Nordostmark in den letzten Jahren nicht weniger als zwei Bücher beschert worden sind, die ganz oder teilweise solche Fälschungen gebracht haben.

Auch die Mahnung, sich vor der Überschätzung sogenannter *historischer Sagen* — besser: *Chroniksagen* — zu hüten, dürfte nicht unangebracht sein. In den meisten Fällen sind diese Sagen nur durch Schule und Druck künstlich ins Volk getragen, oft nie in ihm lebendig gewesen und nicht selten von den ersten Aufzeichnern um irgendeines Zweckes willen erfunden worden. Selbstverständlich gibt es auch unter den *historischen* Sagen solche, die die Schule nicht entbehren kann und deren sie sich gern bedienen wird: die vor allem, in denen die Atmosphäre

[1]) 4. Teil des „Deutschen Sagenbuches", hrsg. von Fr. von der Leyen. 2. Aufl. München 1924.

[2]) Hirts Lesebücher und Lesehefte für Volksschulen sind in zahlreichen Ausgaben für verschiedene Landschaften und Schulverhältnisse erschienen.

eines Zeitabschnittes oft in unvergleichlicher Weise lebendig wird — wie etwa in den Sagen, die Gustav Freytag zur Charakteristik der Kampf- und Heldenzeit des Deutschherrenlandes im zweiten Bande seiner *Bilder aus der deutschen Vergangenheit* im Abschnitt „Aus den Grenzkriegen im Ordensland Preußen" herangezogen hat.

Grundregel sei, daß die Schule nicht viel über die Sage reden, sie vielmehr nach Möglichkeit selbst ihre Sprache sprechen lassen soll. Und wenn ich betone, daß sie sich vor allem vor plattem Rationalismus hüten möge, so ist das eine Forderung, die in einer Zeit, die auch im Glauben und Wähnen des Primitiven das *Heilige* zu sehen gelernt hat, kaum noch befremden wird. Sind wirkliche Volkssagen doch nichts anderes als „lebendige Behälter des Volksglaubens" und darum jener Ehrfurcht wert, die voller Andacht „den Weg zum letzten Geheimnis der Welt" sucht, indem sie durch Versenkung auch in die Grundelemente der Volkssagen den „Zugang zu dem verborgenen Sinn der religiösen Erscheinungen" bahnt[1]).

* * *

Das Lesebuch der hiesigen Volksschulen bietet die Sage vom *Rattenfänger zu Hameln* in der Fassung der Brüder Grimm. Sie gibt willkommenen Anlaß, in einer der oberen Klassen bekannte und noch unbekannte Sagen zu einer größeren Einheit: *Wunderbare Kräfte der Lebenden* zusammenzuschließen[2]).

Der Zufall will es, daß eine Schülerin vor einiger Zeit aus Hameln in ihren jetzigen Wohnort verzogen ist. Der Lehrer verabredet mit ihr, daß sie in einer der nächsten Stunden den Mitschülerinnen von ihrer früheren Heimat erzählen und die Sage

[1]) Vgl. Hans Naumann, Über vergleichende Volkskunde und Religionsgeschichte (Jahrbuch für historische Volkskunde I), Berlin 1925, und J. W. Hauer, Die Religionen, ihr Werden, ihr Sinn, ihre Wahrheit. Erstes Buch: Das religiöse Erlebnis auf den unteren Stufen. Berlin, Stuttgart, Leipzig 1923.

[2]) Die folgenden Darlegungen knüpfen an Unterrichtsversuche an, die kürzlich ein Student der Pädagogischen Akademie Elbing unter Leitung des Verfassers in der hiesigen Akademieschule, einer achtstufigen Volksschule, gemacht hat, doch ohne sich ängstlich an den wirklichen Verlauf der Lehrstunden eines Anfängers zu klammern.

vorlesen soll. In der Pause vorher fragt sie, wie sie sich einem *Fehler* im Sagentexte gegenüber zu verhalten habe; es stünde da *Poppenberg*, während der Berg wirklich der *Koppenberg* heiße. Es wird ihr bedeutet, sie möge den richtigen Namen gebrauchen und ihre Klassengenossinnen gelegentlich darüber belehren.

Zunächst bemüht sich die Schülerin, ein Bild der Lage der Stadt Hameln zu geben. Sie erzählt, daß der Reisende, der von Elbing mit dem Personenzuge dorthin fahren wolle, rund vierundzwanzig Stunden auf der Bahn bleibe, daß er bei Marienburg über die Nogat, bei Dirschau über die Weichsel, dann durch den polnischen Korridor und ein weites Stück der Grenzmark reise, bis er in die Provinz Brandenburg, über die Oder und endlich nach Berlin komme. Dort müsse er umsteigen, Havel und Elbe überqueren, um nach Hannover, der Hauptstadt der gleichnamigen Provinz, zu kommen; von hier seien es nur noch eineinhalb Stunden bis nach Hameln. Die Stadt sei viel kleiner als Elbing, liege aber schön an der Weser, die dort bereits erheblich breiter sei als der Elbingfluß; sie habe viele schöne alte Häuser, ähnlich denen, die hier in der Spiering- und Wilhelm- und Heiligegeiststraße stünden. Eines könne sie im Bilde zeigen, es sei das *Rattenfängerhaus*. . .

Nun beginnt ein lebhaftes Fragen nach dem merkwürdigen Namen, und obgleich einige Mädchen schon die Sage *Die Kinder zu Hameln* im Lesebuche entdeckt und gelesen haben, lauschen alle voll Spannung der Vorleserin . . .

In der sich anschließenden Aussprache erregt begreiflicherweise zunächst das rein Menschliche lebhafte Anteilnahme: die geizige Bürgerschaft, die dem Rattenfänger den vereinbarten Lohn weigert, wird getadelt; die Rache, die er nimmt, wird als grausam, aber von einigen doch als gerecht empfunden; eine Schülerin macht auf die doppelte Gestalt aufmerksam, in der der Pfeifer — erst als Ratten-, dann als Kinderfänger — auftritt; mehrere scheinen von der anschaulichen Schilderung der zufälligen Errettung dreier Kinder besonders berührt zu sein . . .

Nichts Rechtes wissen die Mädchen zunächst mit dem chronikalischen Schlusse der Sage anzufangen, bis ein Hinweis des Lehrers dafür die Augen öffnet, daß er der erzählten wunderbaren Begebenheit die urkundenmäßige Beglaubigung schaffen soll . . .

Damit ist die Frage nahegelegt: *Hat sich die Geschichte wirklich ereignet?* und im weiteren Verlauf der Aussprache schließt sich ihr die an: *Wie sind die Leute darauf gekommen, die Sage so zu erzählen, wie die Brüder Grimm sie berichten?*

Es wird festgestellt, daß die überlieferten Inschriften nichts von der Rattenfängerei des Pfeifers wissen, sondern ihm nur die Schuld am Verlust der Kinder zuschreiben. Der Lehrer erzählt, daß ein deutscher Dichter — Wilhelm Raabe — eine Geschichte geschrieben habe, worin er darstelle, wie ein wendischer Pfeifer die Hamelschen Kinder zu Spiel und Tanz außerhalb der schützenden Stadtmauern verlockt habe, während der Feind im Hinterhalte lauerte und die übermütige Lust bald in blutiges Sterben verkehrte, und er erwähnt die Vermutung, daß zur Zeit, als die Tanzwut herrschte, Stadtkinder, d. h. Jünglinge und Jungfrauen, unter Führung eines Pfeifers entwichen und verschollen sein könnten . . .

Erwünscht kommt die Mitteilung der aus Hameln stammenden Schülerin, daß es dort ein altes Bild gäbe, auf dem zwischen den Jungen und Mädchen, die dem Pfeifer folgten, Ratten und Mäuse umhersprängen. Als der Lehrer meint, das seien gewiß die Seelen der vom Pfeifer Verführten, begegnet er erst ungläubigem Staunen, bis er durch Erzählung einer der vielen durch ganz Deutschland verbreiteten Sagen von der Seele, die als Maus den Körper des Schlafenden verläßt[1]), das nötige Verständnis schafft . . .

So wird schließlich folgendes gefunden: die Sage von den Kindern zu Hameln knüpft wahrscheinlich an eine wirkliche Begebenheit an, bei der Knaben und Mädchen der Stadt durch Schuld eines Pfeifers verloren gegangen sind; Inschriften und Bilder haben die Erinnerung daran wach gehalten, und Darstellungen der Kinderseelen in Mäusegestalt mögen dazu geführt haben, daß der Pfeifer als Rattenfänger aufgefaßt und die Erzählung von der Verweigerung des ausbedungenen Lohnes als Begründung für die Fortführung der Kinder hinzugefügt wurde.

Von hier aus ist die Überleitung zur Sagengruppe *Die geheimnisvollen Kräfte der Lebenden* leicht. Der Volksglaube schreibt bis heute *Bannern* die Fähigkeit zu, Mäuse, Ratten, Schlangen und anderes Geziefer nach ihrem Willen zu lenken und an jeden beliebigen Ort, sei's auch ins Wasser oder ins Feuer, zu führen . . .

---

[1]) Grimm, Deutsche Sagen Nr. 248, 433; Ranke, Die deutschen Volkssagen, S. 13ff. und zahlreiche andere Sammlungen.

Der Lehrer verspricht, in der nächsten Stunde heimische Sagen dieser Art zu erzählen, und fordert die Schülerinnen auf, bei ihren Eltern, Verwandten und Bekannten herumzuhören, ob auch sie ähnliche Sagen wüßten . . .

In der nächsten Stunde erzählen die Kinder mit eigenen Worten die Sage von den Kindern zu Hameln, berichten über die Ergebnisse der Besprechung und erinnern den Lehrer an sein Versprechen.

Er bietet ihnen zunächst die nah verwandte ostpreußische Sage vom *Rattenfänger von Dziergunkenmühle*[1]), der einem unbarmherzigen Müller erst die Ratten ins Gehöft wünscht, sie dann aber auf flehentliches Bitten des Bestraften ganz ähnlich wie der Rattenfänger von Hameln zum Wasser führt, wo sie ertrinken. —

Daß es nicht immer Ratten und Mäuse zu sein brauchen, die von diesen geheimnisvollen Bannern vertilgt werden, lehrt die Sage vom *Schlangenmann* zu Schulen bei Bischofstein in Ostpreußen[2]); ein neues, echt sagenhaftes Motiv in ihr ist es, daß den Beschwörer zuletzt das Geschick ereilt und er selbst bei der Vernichtung der Schlangen umkommt[3]).

Samländische Sagen[4]) erzählen von *Wolfbannern* (nicht zu verwechseln mit *Werwölfen*), die fremden Herden den Wolf so aufzubannen wissen, daß sie sich weder retten noch wehren können, dann aber auch von klugen Hirten, deren Bannspruch den Wolf zwingt, das geraubte Schaf unversehrt wiederzubringen.

Ostpreußische Feuerreitersagen[5]) berichten von Personen, die (wie der Graf von der Trenck auf Schakaulack 1809 die Feuersbrunst in Labiau) gleichsam von Amts wegen das Feuer *auszureiten* vermögen. Sie werden nicht nur zu Mörikes prächtiger Ballade *Der Feuerreiter*, sondern auch zu historisch beglaubigten Tatsachen wie den folgenden in Beziehung gebracht: der aus Schillers Jugendgeschichte bekannte Herzog Karl von Württemberg suchte jeder Feuersbrunst durch Umreiten Einhalt

[1]) Novellistisch aufgeputzt in Fuchs und Meerkatz, Heimatklänge aus Masuren, 1. Teil, S. 13ff. Frankfurt a. M. 1925.

[2]) Karl Plenzat, Sage und Sitte im Deutschherrenlande, S. 56. Breslau 1926.

[3]) Vgl. die verwandten Sagen bei Grimm, a. a. O. Nr. 247, und Ranke, a. a. O. S. 217f.

[4]) Plenzat, a. a. O. S. 55f.

[5]) Plenzat, a. a. O. S. 56f.

zu tun, und noch im Jahre 1870 sprengte der Graf von Gera zu gleichem Zwecke um die brennende Stadt Gera . . .

Auch die Schülerinnen steuern gelesene oder erlauschte Heimatsagen von Menschen bei, die „mehr können als Brot essen“[1]), und schließlich ergibt sich etwa folgende Reihe:

Unsere Sagen berichten oft von Menschen mit geheimnisvollen Kräften; es sind Hexen, Zauberer, Beschwörer, Banner, Feuerreiter, Freischützen, Doppelgänger, Maren und Werwölfe. Sie wenden ihre Künste an, um ihren Mitmenschen zu schaden oder um ihr Eigentum und sich selbst zu schützen; sie sind aber auch oft Helfer, die anderen Gutes tun, indem sie sie von allerlei Plagen erlösen, ihnen gute Ratschläge geben und sie von Krankheiten heilen. Zuweilen sind sie — z. B. Maren oder Werwölfe — wider ihren Willen mit übernatürlichen Fähigkeiten ausgestattet, zuweilen leiden sie unter ihrer Macht wie unter einem Verhängnis und Unglück, und sehr häufig berichten die Sagen von ihrem tragischen Untergang . . .

Das alles sind Gedankengänge, zu denen die Schüler bei angemessener Leitung und bei richtiger Auswahl des Sagengutes leicht hinfinden; und auch zur Erkenntnis wichtiger Grund- und Wesenszüge der Sage, wie sie Friedrich Ranke in seinem Beitrage *Sage* zu dem von John Meier herausgegebenen Sammelbande *Deutsche Volkskunde* einleuchtend darlegt, sind sie an der Hand solcher und anderer Stoffe nicht schwer zu führen. Doch hüte man sich hier sorgsam vor einem Zuviel. Es ist nicht nötig, daß jede Frage „geklärt“, jedes Rätsel „gelöst“ wird. Keine Furcht, daß wir mit der Erzählung und Durchsprechung von Sagen „finsterem Aberglauben“ Vorschub leisten könnten; was wir damit erzielen wollen, ist Achtung und Ehrfurcht vor dem im Volksglauben wurzelnden Erzählgute unserer Heimat und unseres Volkes und ein ahnendes Verständnis für die Bedeutung dieser bei aller Schlichtheit und Einfalt tiefen und unersetzlichen Zeugnisse menschlichen Suchens und Ringens um die Lösung der ewigen Rätsel unseres geistigen Seins und Wesens.

---

[1]) Es empfiehlt sich, daß der Lehrer die ihm unbekannten Sagen erst von den Kindern zu Hause aufzeichnen läßt, damit er sie vorher lesen und verhindern kann, daß mit Abwegigem und Unbrauchbarem in der Schule Zeit vertan wird.

DIE SCHÖNE JUNGE LILOFEE

Behandlung eines Volksliedes auf der Oberstufe
3 Unterrichtsstunden

VON OTTO STÜCKRATH

VORBEMERKUNGEN

Veranlagung, allgemeine Geistesrichtung, Einstellung zum Leben und zur Umwelt bestimmen die Lehrerpersönlichkeit so stark, daß es „Musterlektionen" im Sinne der Schule um Herbart nicht mehr geben kann. Das freie, durch starke Impulse der Schüler bewegte, vom Lehrer aber bewußt gewollte und geleitete Unterrichtsgespräch, das immer eine starke Anteilnahme des Schülers an der Sache zur Voraussetzung hat, deshalb aber auch nicht erzwungen werden kann, bedeutet für den Berichterstatter das Wesentliche unterrichtlicher Arbeit in der Volksschule. Wer es versteht, sich den Schüler zum Freunde zu machen, dem man wohl einmal die Hand reicht, wenn es gilt, einen Graben zu überspringen, den man aber niemals zum Sprunge nötigt oder im eigenen Sprunge mitreißt, der wird in dieser, wissenschaftlicher Forscherarbeit sich immer bis zu einem gewissen Grade nähernden Form Wertvolles finden.

An Voraussetzungen für den Erfolg und den möglichst ungestörten Verlauf des Unterrichtsgespräches waren folgende erfüllt:

1. Bis Ostern 1927 führte der Berichterstatter die zweite Klasse. Sie besaß ein Liederbuch, in das alle Lieder und Reime eingetragen wurden, die die Kinder außerhalb des Schulunterrichtes erlernten und sangen. Es enthält Kinderlieder, Kinderspiele, Operettenschlager, Volks- und volkstümliche Lieder in bunter Folge. Anfänglich ist den Schülern der Zweck der Anlage unbekannt. Im fünften Schuljahre gab ein Schulausflug Anlaß zum Durch-

blättern des Buches, da sich ein Streit über die Zulässigkeit einer bestimmten Strophenlesart erhob. Damals stellten wir fest: die von uns aufgezeichneten Lieder sind nichts Totes, sondern sie leben, erfahren Veränderungen nach Wort und Weise. Den Gründen dieser Veränderungen gingen wir nur insoweit nach, als es dem damaligen Fassungsvermögen der Schüler entsprach.

2. Im Geschichts- und im Sprachunterricht gingen wir gelegentlich dem Begriff *Volk* zu Leibe. Dabei verfuhren wir ganz kindertümlich und stellten fest: wir brauchen den Ausdruck *Volk:* a) für alle Staatsbürger des Deutschen Reiches — der erste Satz der Reichsverfassung; b) für die werktätige Bevölkerung — Wahlaufrufe: An das werktätige Volk!; c) für die bäuerliche Bevölkerung — Zeitungsartikel meist volkskundlichen Inhalts; d) in verächtlichem Sinne — Redensart: *Was steht denn das Volk da und gafft?*; e) im Sinne einer bunt zusammengewürfelten Menge ohne besonderen Zusammenhang, aber mit gleicher Zielsetzung. *Viel Volk,* der stehende Ausdruck für die dem eigentlichen Karnevalszug nachfolgende Menge.

3. Im Sprachunterricht fanden wir für den Begriff *Lied*: a) ein Gedicht, das man singen kann; b) das Singen gehört doch nicht notwendig zu dem Ausdruck „Lied"; G. A. Bürger: *Das Lied vom braven Mann*; c) allgemein für eine sprachlich feststehende Form einer Klage oder Beschwerde — Redensart: *Immer das alte Lied!*

4. Der Begriff *Volkslied* ist im Anschluß an die in dem Lesebuch „Blütenregen" gegebenen Proben untersucht worden. Aus dem planen Wortsinn legen wir fest: ein *Volkslied* ist ein Lied, das vom Volke gesungen wird. Da wir bereits wissen, daß der Ausdruck *Volk* kein eindeutiger Begriff ist, so begreifen wir schnell, daß der Begriff *Volkslied* sich nicht ganz leicht umreißen läßt. Zu einer umfassenderen Begriffsbestimmung sind wir noch nicht gelangt. Das Bergmannslied „Glück auf, der Steiger kommt" hat Anlaß zur Einführung des Unterbegriffes *Ständelied* gegeben.

5. Als Anschlußstoff zur Geschichte war vor Ostern das feine Lied „All' mein Gedanken, die ich hab'" mit überraschendem Einfühlen der Schüler behandelt und dabei alles zu dem Stoffgebiet *Volkslied* Gehörige wiederholt worden.

6. Die Ankündigung des Liedes von *der schönen jungen Lilofee* knüpfte an die damalige Behandlung an und setzte mit der Dar-

bietung des an die Wandtafel angeschriebenen Liedes ein, für die ich die Fassung des Zupfgeigenhansl, die wieder eine gewisse Volkläufigkeit durch den Gebrauch in Wandervogel- und anderen Jugendbundkreisen erhalten hat, wählte.

BEHANDLUNGSVERLAUF

An der Hand des Liedes geben die Schüler, deren kritische Bemerkung *klor*, d. h. schön, gut, mir bereits bewiesen hat, daß ich Interesse finde, eine Strophe um Strophe fortschreitende Inhaltsangabe:

1. Ein wilder Wassermann freit um die Tochter des Königs, die schöne, junge Lilofee. Der König wohnt in der Burg über dem See.

2. Eines Tages hörte Lilofee unten im See die Glocken gehen. Da wollte sie einmal zu Vater und Mutter.

3. Nun steht sie vor dem Tore des Schlosses. Da neigen sich Laub und Gras vor ihr.

4. Lilofee kommt aus der Kirche. Plötzlich steht der wilde Wassermann vor ihr.

5. Er fragt Lilofee: „Willst du mit mir gehen?" Dann fährt er fort: „Deine Kindlein unten weinen so sehr nach dir, junge Lilofee!"

6. Da sagt Lilofee: „Ehe meine Kinder weinen sollen im tiefen, tiefen See, eher scheide ich von Laub und grünem Gras.

Wir wollen uns das, was das Lied erzählt, etwas genauer ausmalen! Erzähle, wie der Wassermann aussieht!

Der Wassermann ist fast gestaltet wie ein Mensch. Er hat aber einen Froschkopf. Seine Haut ist grün. Er hat einen Bart aus Seegras. Auch seine Haare sind Seegras. Zwischen den Fingern hat er Schwimmhäute. Sein Unterkörper ist wie ein Fischschweif geformt. Er hat ein breites Maul.

Wo wohnt der Wassermann?

Der Wassermann hat seine Wohnung im schwarzen Seeschlamm.

Schildere seine Wohnung!

Sie ist aus Muscheln gebaut. Die Wände sind klares Wasser. Das schimmert aber grün, weil die Wohnung so tief im See liegt.

Nun hat er die Tochter des Königs, der am Ufer des Sees sein Schloß erbaute, gefreit. Er hat sie mit hinunter genommen in seine Wasserherrlichkeit. Sie hat ihm Kinder geboren und hat nicht mehr an die Welt da droben gedacht. Eines Tages aber kommt eine Mahnung aus jener Welt an sie heran. Sie hört die Glocken läuten. Für das Gefühl, das sich nun bei ihr einstellt, haben wir einen treffenden Ausdruck: die schöne junge Lilofee hat Heimweh.

Erzähle, wie Lilofee den Palast des Wassermanns verläßt!

Lilofee läßt sich das Muscheltor öffnen. Vom Palast aus führen Stufen nach oben. Sie hat ein feines, hellgrünes Kleid an.

So schreitet sie nach oben. Aus der Dämmerung des Wassers kommt sie an das helle Licht des Tages. Schildere, welche Schau sich ihr da bietet!

Am Ufer des Sees stehen hohe Bäume. Ein Park geht bis an das Schloß. Ein blauer Himmel ist über der Landschaft. Warme Sonnenstrahlen fallen auf Lilofees feuchtes Kleid.

Lilofee muß durch wunderbare Schönheit ausgezeichnet sein, denn Laub und Gras neigen sich vor ihr. Nun laßt weiter eure Einbildungskraft spielen und erzählt von Lilofees Tun und Lassen an jenem schönen Sonnentage:

Lilofee ging durch den Park bis hinauf an das Schloßtor. Der alte Diener erkannte sie sofort. Er öffnete die Türe und verbeugte sich. Lilofee ging an ihm vorüber. Auf der Schloßtreppe begegnete ihr der Haushofmeister. Er begrüßte sie und eilte davon, um dem König und der Königin von dem Besuch zu erzählen. Der König und die Königin kamen Lilofee entgegen und umarmten sie. Dabei weinte Lilofees Mutter vor Freude. Dann setzten sie sich zum Essen und Trinken nieder, und Lilofee mußte von ihren Erlebnissen erzählen. Als der Gottesdienst begann, ging Lilofee mit dem König und der Königin in die Kirche.

Nun ist die Kirche zu Ende. Der letzte Orgelton, der letzte Glockenklang ist verhallt. Lilofee tritt aus der Kirchentüre, es umschmeichelt sie die blaue Luft, es grüßt sie der warme Strahl der Sonne, es stehen ihr die glückstrahlenden Eltern zur Seite. Was sie bis dahin noch niemals so vollkommen gemerkt hat, nun muß sie es merken: ich bin ein Mensch, ich bin keine Wasserfrau, die Erde ist meine Heimat. Hier, wo mir Eltern und Freunde wohnen, hier bin ich daheim. Sie wendet sich eben zur Mutter, schaut ihr ins Angesicht, streichelt ihre Hand. Und nun erbleicht Lilofee plötzlich. Was ist geschehen?

Der Wassermann ist vor Lilofee aufgetaucht.

Aus seinem grünen Schilfbart rinnt das Wasser. Die goldglänzenden Glotzaugen richtet er auf Lilofee. Mit quarrender Stimme fragt er: „Sprich, willst du hinuntergehn mit mir von der Burg wohl über dem See?" Lilofee gibt keine Antwort. Wer kann sich denken, was sie tut?

Sie schüttelt stumm den Kopf. Sie weicht zurück. Sie hebt die Hände wie zur Abwehr.

Lilofee muß „nein" sagen, wenn sie Vergleiche zieht. Aus welchem Grunde?

Auf der Erde ist es schön. Da blühen Blumen, da wächst Gras, da rauschen die Bäume. Im Wasser ist es kalt, traurig und häßlich.

Auf der Erde sind ihre Eltern und Freunde, die Lilofee lieb hat, im Wasser ist nur der häßliche, grüne Wassermann.

Da aber zerreißen die weiteren Worte des Wassermanns die Stille: „Deine Kindlein unten weinen so sehr nach dir, junge Lilofee!" Diese Worte gehen die Königstochter nichts an. Sie wenden sich zwar auch an Lilofee, aber es ist eine andere Lilofee, die da gemahnt wird. Wer kann es aussprechen?

Lilofee wird daran erinnert, daß sie Kinder hat. Sie ist eine Mutter.

Nun kann Lilofee nicht mehr widerstehen. Welche Antwort gibt sie? Erzähle, was sie tut.

Lilofee nimmt Abschied von Vater und Mutter und steigt wieder hinunter in den See. (Die ausgemalte Geschichte wird zusammengefaßt und erzählt.)

Wir hätten also jetzt ein klares Bild von dem äußeren Geschehen. Nun wollen wir uns einmal die Hauptpersonen unseres Liedes ansehen. Wer sind sie?

Der Wassermann. Die schöne junge Lilofee.

Wir kennen auch sonst noch die eine oder die andere Geschichte von Wassermännern. Wer erzählt eine?

(Inhaltsangabe von Kopischs „Der Nöck".)

In unserer Heimat spielt eine Wassermannsage, die ihr alle kennt.

(Sage vom Nöck in der Lahn, der alljährlich ruft: *Die Zeit ist da! Die Zeit ist da! Wo bleibt der Mensch?* Er zieht jedes Jahr einen Menschen in die Tiefe.)

Warum wirkt der Spott der Buben so verstimmend auf den Nöck?

Der Nöck wird daran erinnert, daß er keine Seele hat.

Warum wohl fordert der Wassermann der Lahn jedes Jahr einen Menschen?

Er möchte die Seele des Menschen haben.

Nun schaut einmal die erste Strophe unseres Liedes an, ob sich darin nicht auch etwas von diesem Fordern des Wassermannes verrät?

Es heißt: „Des Königs Tochter mußt er han!"

Deshalb verweigert auch der König dem Wassermann seine Tochter nicht. Er gibt sie hin, von einer Widerrede erfahren wir nichts. Denkt einmal an so viele Märchen, in denen Fabelgestalten auch die Auslieferung einer Jungfrau fordern, und nun sagt, ob die Auslieferung der Lilofee an den Wassermann nicht dasselbe ist! Wir kennen für ein derartiges Darbringen einer wertvollen Gabe einen Ausdruck, der viel deutlicher als alle Worte besagt, was der König tat, als er Lilofee dem Wassermann zur Frau gab.

Der König brachte ein Opfer.

Wer ahnt den Grund des Opfers?

Hätte der König seine Tochter nicht hingegeben, so hätte der Wassermann Unglück über das Land gebracht. Vielleicht wäre das Schloß im See versunken.

Lilofee ist ein Opfer, das der König dem Wassermann brachte. Nun erzähle von dem Leben der jungen Lilofee bis zu ihrer Auslieferung an den Wassermann.

Lilofee wurde im Königsschlosse erzogen. Sie wohnte in einem Zimmer, das war mit Silber und Gold ausgeschlagen. Sie schlief auf seidenen Kissen. Sie konnte den ganzen Tag spielen und singen. Sie brauchte nichts zu schaffen. Sie war immer gut und brav.

Eines Tages kündigte ihr der König an, daß sie den Wassermann heiraten müsse. Da gehorchte sie. Sie zog mit hinunter in das Schloß des Wassermanns. Wie geht es ihr in der Tiefe?

Es geht Lilofee nicht schlecht. Sie ist die Gebieterin der Wassergeschöpfe. Sie hat auch Kinder.

Nun aber wird sie durch etwas Eigenartiges an die Oberwelt gemahnt.

Sie hört die Kirchenglocken läuten.

Nun denkt nach, was wir den Kirchenglocken alles nacherzählen!

Die Glocken können am Karfreitag nach Rom fliegen. Die Glocken haben, jede für sich, einen Namen und einen bestimmten Ruf. (Einige der Rufe werden aufgeführt)

Welches ist aber die eigentliche Aufgabe der Glocke?

Die Glocke ruft die Kirchgänger zusammen. Sie läutet beim Begräbnis.

Wie hat das Schiller in seinem „Lied von der Glocke" gesagt?

Ihr kennt aber auch die feine Geschichte von der „wandelnden Glocke". Wer hat die erzählt? Wie war sie doch? Seht, da hat Goethe die Glocke auch zu einem lebenden Wesen gemacht, das hinter dem Kinde herwackelt und ihm Grauen und Furcht einflößt. In unserem Liede ist von Grauen und Furcht nicht die Rede. Es ist ein anderes Gefühl, das in Lilofee wach wird, sie hat Heimweh. Nach wem hat sie Heimweh? Aus ihrem Tun auf der Erde könnt ihr schließen, daß sie noch nach anderem als nur nach Vater und Mutter Heimweh hatte!

Sie wollte wieder einmal in die Kirche gehen.

Nun verstehen wir Lilofees Heimweh noch besser. Und doch ist, wie wir aus dem Verlaufe des Liedes wissen, ein anderes Gefühl noch stärker. Wer findet dafür den treffenden Ausdruck?

Die Mutterliebe in Lilofee ist stärker als das Heimweh.

Lilofee hat an diesem einen Tage unendlich viel erlebt. Wir wollen diesem inneren Erleben nachspüren. Da ist Lilofee, die Beherrscherin des Wasserreiches, eben aufgewacht. Ihr Herz ist unbekümmert, wie es die ganzen Jahre unbekümmert war. Nun tönt der Glockenklang an ihr Ohr. Welche Stimmung erfaßt sie da?

Aber ihr Heimweh ist nichts Untätiges. Wenn sie auch nicht recht weiß, ob der Wassermann ein süßes oder ein saures Gesicht macht, sie fragt ihn doch. Und siehe da, gutmütig gibt der Wassermann zu, daß sie hinaufsteige zur Erde. Schildere den Wandel der Gefühle, als das erlösende Wort fällt!

Lilofee war eben noch traurig. Nun ist sie froh und dankbar. Rasch macht sie sich fertig.

Schildere Gefühl und Ausdruck dieses Gefühls in ihrem Äußeren, als sie die Stufen zum Ufer hinanschreitet.

Zuerst geht Lilofee langsam. Sie guckt noch einmal zurück und winkt dem Wassermann. Dann geht sie schneller. Sie macht lange Schritte und nimmt zwei Stufen zugleich. Sie kann es gar nicht mehr abwarten, bis sie hinaufkommt.

Voll Dankbarkeit und Freude steht sie oben am Ufer. Nach so langer Zeit sieht sie das erste Laubgrün wieder, schaut die Sonne und den blauen Himmel. Da steigert sich ihr Freudengefühl. Was mag sie aus vollem Herzen tun?

Lilofee jubelt und jauchzt. Sie singt.

Hat sich hier schon ihre Freude bis zum Jubel gesteigert, so wird das wieder anders, als sie die Eltern begrüßt.

Lilofee weint vor Freude.

Wir haben ein feines Wort für diese maßlose Freude, das bei unseren nassauischen Bauern daheim ist. Es heißt: *Se heult un lacht aus aam Seckelche!* Was bedeutet das?

Die Freude ist so groß, daß Weinen und Lachen, Glück und Schmerz rasch miteinander abwechseln.

So riesengroße Freude ist fast unerträglich für das Menschenherz. Dann aber sitzt Lilofee in der Kirche. Als sie das letztemal in dem hohen, durch die bunten Glasfenster halbdüsteren Raume saß, da war sie fast noch ein Kind. Kindliche Erinnerung wird nun in ihr wach. Da ist noch derselbe alte Priester. Da tönt noch dieselbe Orgel. Da klingt noch der alte Choral. Dieser Kirchgang übt auf Lilofees Herz eine besondere Wirkung.

Lilofee wird ruhig. Nun fühlt sie sich ganz daheim. Aber diese Ruhe, dieses Gefühl des Geborgenseins dauert nicht lange. Das Erscheinen des Wassermanns läßt ein anderes Gefühl in ihr wach werden. Da steht er in seiner ganzen Häßlichkeit!

Lilofee erschrickt. Sie hat Abscheu vor dem ekligen Kerl.

Nun faßt sie sich. Sie schüttelt die blonden Locken. Nein, der Wassermann kann ihr nicht den Frieden geben, den ihr die Heimat gibt. Da scheint ihr alles fest und entschieden.

Lilofee wird bei den Eltern bleiben. Sie wird bei ihnen leben, im Park spazieren gehen, mit ihnen den Gottesdienst besuchen.

Nun aber rüttelt etwas anderes an ihrem Herzen: „Deine Kindlein drunten weinen um dich . . ." Das ist, als ob ihr Herz einen Schlag bekäme. Die Bilder ihrer Kinder steigen in ihrer Seele auf. Sie weinen um die Mutter, ein klägliches, leises, durchdringendes Weinen, und damit entscheidet sich ihr Geschick. Nun ist sie nicht mehr die heimwehselige Lilofee, obwohl sie sich selbst bedauert und sagt: „Ich arme, junge Lilofee!" Nun ist ihr mütterliches Herz erwacht. Was hat sie durch die letzte Mahnung des Wassermanns erkannt?

Wo die Kinder sind, da gehört die Mutter hin.

Seht, so ist in den wenigen Strophen ein ganzes Menschenschicksal beschlossen. Nun soll einer das Erleben des Wassermanns an diesem Schicksalstage darstellen!

Der Wassermann ist wie immer aufgewacht. Da ist seine Frau zu ihm gekommen und hat ihn gefragt, ob sie auf die Erde dürfte. Da hat er gedacht: ja, sie mag gehen, sie wird schon wiederkommen. Es ist aber spät geworden. Da hat er Angst bekommen und ist auch hinauf auf die Erde. Er ist bis ans Schloß gepatscht. Da hat er gehört, die Lilofee wäre in der Kirche. Da durfte er nicht hinein, weil er ein Wassermann war. Deshalb versteckte er sich im Gebüsch und wartete auf Lilofee. Als er die erste Frage an sie richtete, dachte er, Lilofee würde gleich mit ihm gehen. Aber sie tat es nicht. Da wurde er sehr traurig. Dann aber fiel ihm ein, daß Lilofee ihre Kinder sehr lieb habe. Und da fing er Lilofee mit seiner zweiten Frage wieder ein. Nun war er zufrieden.

Also auch der Wassermann hat an jenem Tage allerhand mitgemacht.

Nun müssen wir aber einmal sehen, wie denn unser Lied seinem Inhalt durch die Form gerecht wird. Es ist dabei, wenn ihr euch die Strophen anschaut, Auffälliges genug.

Mit welchem Worte schließen alle Strophen? Wie passen sich die Beiwörter, die zu dem Namen treten, dem Inhalt der einzelnen Strophen an? Mit welchem Ausdruck bezeichnen wir einen am Schlusse immer wiederkehrenden Reim? Außer diesem Kehrreim, den ihr auch aus anderen Liedern kennt, wird euch noch eine Eigenart des Strophenbaues, auch eine Art Kehrreim, auffallen, die ich durch Anschreiben und Unterstreichen nun auch rein äußerlich gekennzeichnet habe:

(In der Burg wohl über dem See)
(Im tiefen tiefen See)
(Auf der Burg wohl über dem See)
(Von der Burg wohl über dem See)
(Im tiefen tiefen See)

Diese Zwischensätze sind fast gleichlautend. Nur in zwei Strophen weichen sie ab. Welche Bedeutung haben aber gerade diese beiden Strophen für den Gang der Handlung?

Beide schildern Lilofees Abschied. Einmal aus dem Wasserschloß, zweitens von der Erde.

Nun stellt fest, wie Rede und Gegenrede in unserem Liede gehandhabt werden!

Rede und Gegenrede folgen unmittelbar aufeinander.

Wir hören nichts von einer Ankündigung, wie etwa in einem Gedicht *Da sprach der Graf...* oder *Und zu Ritter Delorges spottenderweis' wendet sich Fräulein Kunigund* oder *„Herrlich", sprach der Fürst von Sachsen, „ist mein Land und seine Macht!"* Man muß aus dem Inhalt den Sprecher herausmerken. Womit hat darin unser Lied große Ähnlichkeit!

Mit einem Theaterstück.

Wer findet noch Bemerkenswertes in der äußeren Form unseres Liedes?

Es wiederholen sich einzelne Worte: *Im tiefen, tiefen See.*

Was kündet diese Wiederholung nur an?

Daß der See eine gewaltige Tiefe hat.

Sie verstärken also, einfach durch die Wiederholung, den Eindruck.

(Da ich mich zur Behandlung des Formalen an anderer Stelle entschließe, breche ich ab und verteile in einer zweiten Stunde nach wiederholender Zusammenfassung den schlesischen Text der Wassermannballade)

Ihr wißt, daß unser Lied aus dem Volksmunde aufgezeichnet wurde. Nun erlebt ein so jahrhundertelang von Mund zu Mund gehendes Lied mancherlei Schicksale. Ihr haltet in den Händen nun einen schlesischen Text, wie ihn der Dichter Hoffmann von Fallersleben seinerzeit aufzeichnete. Wir wollen flink den Inhalt erzählen:

1. Ein Bauer, der zwischen Berg und tiefem Tal wohl über dem See wohnte, hatte ein Töchterlein mit Namen Hannale.
2. Der Bauer ließ ihr eine Brücke bauen, auf der sie spazieren gehen sollte.
3. Als Hannale auf die Brücke kam, zog sie der Wassermann hinab.
4. Sie war sieben Jahre bei dem Wassermann und gebar ihm sieben Kinder.
5. Eines Tages stand sie bei der Wiege und hörte plötzlich einen Glockenklang.
6. Da bat sie den Wassermann: Laß mich einmal in die Kirche gehen!
7. Der Wassermann wollte es nicht tun.

8. Hannale aber sagte: „Wer würde denn für meine Kinder sorgen, wenn ich nicht zurückkäme?"

9. Als sie auf den Kirchhof kam, neigte sich Laub und Gras vor ihr.

10. In der Kirche neigten sich Graf und Edelmann vor ihr.

11. Der Vater öffnete ihr die Türe zur Kirchenbank. Die Mutter legte ihr ein Kissen hin.

12. Nach dem Gottesdienst kehrte Hannale im Hause ihrer Eltern ein. Sie aß Fische mit ihnen.

13. Als sie den ersten Bissen in den Mund steckte, sprang ihr ein Apfel auf den Schoß.

14. Sie bat die Eltern, den Apfel zu verbrennen.

15. Plötzlich stand der Wasserman da und fragte sie: „Willst du mich verbrennen? Wer wird dann deine Kinder ernähren?"

16. Er machte den Vorschlag, die Kinder zu teilen. Jeder soll drei erhalten.

17. Das siebente Kind aber soll zerteilt werden: „Nehm' ich ein Bein (*Bein* = Knochen) und du ein Bein!"

18. „Ehe ich mir mein Kind zerteilen lasse, will ich lieber im Wasser bleiben."

Stellen wir einmal die auffälligen Äußerlichkeiten heraus!

1. Aus dem König ist ein Bauer geworden.
2. *Lilofee* heißt in diesem Liede *Hannale.*

Dazu kann ich euch sagen, daß man anderwärts in deutschen Landen von der schönen *Agnete,* der schönen *Anna-Marie,* der schönen *Dorothee,* der schönen *Agnese,* der *Agnina-Fee,* der *Linafee* singt.

3. Das schlesische Lied ist länger als das unserige.
4. Es erzählt mehr vom Verlauf der Geschichte, erzählt aber auch manches anders.

Stellen wir einmal das Mehr heraus:

a) Der Bauer läßt eine Brücke bauen, auf der Hannale spazieren gehen soll.
b) Sie ist sieben Jahre bei dem Wassermann und schenkt ihm sieben Kinder.
c) Sie steht bei der Wiege, als sie den Glockenklang hört.
d) Nicht nur Laub und Gras, auch Graf und Edelmann neigen sich vor ihr.
e) Vater und Mutter erweisen ihr in der Kirche alle Ehre.

f) Sie setzt sich im Hause ihrer Eltern zum Fischessen nieder.
g) Ein Apfel fällt auf ihren Schoß.
h) Sie bittet die Eltern, den Apfel zu verbrennen.
i) Der Wassermann ist mit ihrem Bleiben einverstanden, wenn sie in die Teilung des siebenten Kindes willigt.

Nun zu dem, was anders ist:

a) Hannale hat nicht Sehnsucht nach Vater und Mutter. Sie will in die Kirche gehen.
b) Sie gibt das Versprechen, ihrer Kinder wegen zurückzukehren.
c) Bei Tisch macht sie den Versuch, sich von dem Wassermann zu befreien.
d) Der Wassermann ist ein Zauberer, der sich verwandeln kann.

Was für Gründe sind für Hannale bestimmend, als sie den Wassermann bittet, auf die Erde zurückkehren zu dürfen?

Sie möchte in die Kirche gehen.

Also nicht Heimweh, sondern Sehnsucht nach der religiösen Übung treibt Hannale aus der Tiefe herauf. Was aber läßt sie am Schlusse zurückkehren?

Sie kann die Teilung des siebenten Kindes nicht zugeben.

An welche biblische Erzählung erinnert der Teilungsvorschlag des Wassermanns? Was wollte Salomo durch sein Urteil auch erreichen?

Er wollte die wahre Mutter finden.

Dasselbe erreicht der Wassermann mit seinem Vorschlag, der erst so gutmütig klingt: Teilen wir die Kinder. Jeder bekommt drei. Aber das siebente? Was für eine Gesinnung offenbart hier der Wassermann?

Er ist tückisch, listig.

Nun hat in der Zwischenzeit einer eurer Kameraden auf meine Bitte hin noch ein drittes, ein Lied aus Hildesheim sich angesehen und erzählt uns seinen Inhalt:

1. Christinchen ging in den Garten, um ihre Rosen zu warten. Da sah sie am Himmel ein Zeichen. Das zeigte ihr an, daß sie im Rheine ertrinken würde.

2. Sie bat ihren Vater, er möchte sie noch ein Jahr daheim lassen.

3. Er lehnte die Bitte ab. „Mein Kind, das bild' dir nur nicht ein, denn du mußt fahren über den Rhein."

4. Sie ging zu der Mutter. Auch ihr trug sie die gleiche Bitte vor.

5. Die Mutter gab dieselbe Antwort wie der Vater.

6. Christinchen ging in die Kammer und weinte.

7. Mit vierundvierzig Wagen kam der König gefahren. Ein Wagen war mit Gold beschlagen. In dem sollte Christinchen fahren.

8. Christinchen bestieg die Kutsche. Dabei verrutschten ihre Kleider. Ihre Augen waren vom Weinen so rot wie Blut. Christinchen ahnte ihr nahes Ende.

9. Darauf fuhren sie über die Brücke. Dabei verschoben sich drei Bretter des Brückenbelags. Christinchen versank im Rhein.

10. Als der König Christinchen versinken sah, sagte er: „Hätte ich eine Kette, so könnte ich sie ihr zuwerfen und sie erretten; hätte ich ein seidenes Band, so wäre auch damit eine Rettung möglich."

11. Sein Schmerz über die versunkene Braut war so groß, daß er ein Messer aus der Tasche zog und sich damit erstach.

Wir wollen in den Inhalt dieses Liedes nicht tiefer eindringen, wollen aber für das Verhalten des Bräutigams in unserer Erinnerung nach ähnlichen Liedern forschen. (In dem Liede von den Königskindern sucht das Mädchen den Tod in den Fluten) Wo zeigt unser Lied Verwandtschaft mit der Wassermannsage? (Brückenmotiv) Was ist an Gefühlsausdruck völlig neu?

Christinchen hat durch ein Zeichen am Himmel erfahren, daß sie sterben muß. Sie muß im Rhein ertrinken. Sie ist eine Braut, die sich vor der Hochzeit fürchtet; denn sie bringt ihr eine Fahrt über den Rhein, von der sie ahnt, daß sie die Ursache ihres Todes sein wird.

Das kommt in den beiden anderen Wassermannliedern gar nicht zum Ausdruck. Selbst Hannale, die vom Wassermann in die Tiefe gezogen wird, klagt und weint nicht. Wenn man so die drei Lieder, von denen doch jedes für sich verständlich ist, betrachtet, so könnte man überlegen: alle drei Lieder sind miteinander, wenn auch in ganz verschiedenem Grade, verwandt. Also haben sie eine gemeinschaftliche Herkunft. Sie kommen aus der Wassermannsage. Aber die Wassermannsage wird verschieden gestaltet. Sucht möglichst kurz den gedanklichen Inhalt der drei Wassermannlieder nebeneinanderzustellen!

1. Ein Wassermann freit des Königs Tochter Lilofee, erhält sie zur Frau. Lilofee hat Heimweh nach Vater und Mutter, kehrt

zurück zur Erde, verläßt sie aber wieder, als sie an ihre Kinder denkt.

2. Ein Wassermann zieht die Tochter eines Bauern in die Tiefe, macht sie zu seiner Frau und läßt sie zur Erde zurück, weil sie in die Kirche gehen will. Der Gedanke an den Tod eines ihrer Kinder läßt Hannale zurückkehren.

3. Christinchen ist mit einem König über dem Rhein verlobt. Sie hat Angst vor der Hochzeit, denn ein Zeichen am Himmel hat ihr gesagt, daß sie im Rhein ihren Tod findet. Der fremde König ist über den Tod Christinchens so schmerzlich erschüttert, daß er sich selbst den Tod gibt.

Und nun lesen wir dazu noch eine Kunstdichtung, die sich den Stoff aus der Volksüberlieferung zu eigen gemacht hat und die Agnes Miegel gestaltete.

(Nach dem Verlesen der Dichtung, die einen starken Eindruck macht, schließt die zweite Unterrichtsstunde. Die dritte beginnt mit einer knappen Wiederholung des Erlebnisstärksten und bietet dann noch einmal das Ausgangslied nach Wort und Weise)

Nun äußert euch einmal über das Lied, das ich euch aussuchte!

Es ist das kürzeste von allen. Es hat eine feine Melodie.

Wir wollen noch einmal anknüpfen an das, was wir in der ersten Stunde über die äußere Form unseres Liedes sagten. Und nun wollen wir untersuchen, wie Wort und Weise zusammen passen. (Darbietung der Weise unter Hinweis auf die angeschriebenen Noten)

Seht euch den Eingang des Liedes an. Aus welcher Tonart geht es? Schreibe die Noten der ersten Melodiezeile einfach übereinander! Selbstverständlich jede auftretende Note nur einmal! Das zusammen Passende gleich zusammen. Es entstehen folgende vier Bilder:

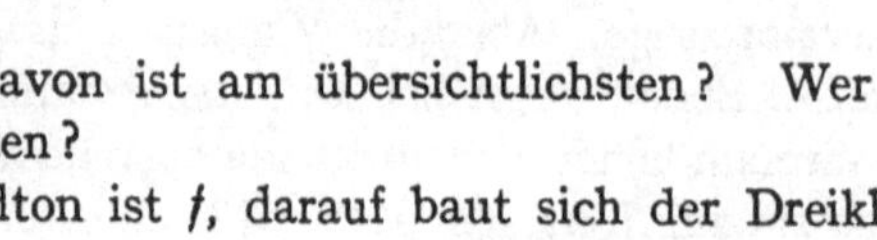

Welches davon ist am übersichtlichsten? Wer weiß dieses Bild zu deuten?

Der Grundton ist *f*, darauf baut sich der Dreiklang auf mit der Oktave. Nach unten ist der Dreiklang erweitert durch *c*.

In welchem Umfange bewegt sich die Melodie im zweiten Teile?

Nicht vom tiefen *c* bis zum hohen *f*, sondern nur vom *g* bis zum *f*.

Seht die dritte Melodiezeile an!

Der Tonumfang ist noch geringer geworden. Er reicht nur vom g bis zum c.

Und nun die letzte Zeile!

Da geht es nur vom Grundton bis zur dritten Stufe.

Es ist also so, daß von Zeile zu Zeile der Tonumfang abnimmt. Welches Empfinden haben wir, wenn wir die Eingangszeile des Liedes hören?

Es ist Schwung drin.

Ja, das Lied setzt sehr stark ein. Das kommt eben durch die Verwendung der reinen Dreiklangtöne. Stimmt denn das immer zu dem Text! (Bei der Untersuchung kommt recht deutlich zum Ausdruck, daß das in allen Fällen sehr fein stimmt, denn die Eingangszeilen geben zumeist das Wertvollste, das Ausschlaggebende der Strophe)

Wir haben, uns an die textliche Gliederung haltend, vier Melodiezeilen unterschieden. Eigentlich könnten wir uns mit zweien begnügen. Wieviel Takte würde dann jeder Melodieteil für sich in Anspruch nehmen? Stelle nun das Äußerliche, was wir aus der Melodie ablesen können, zusammen!

Die Melodie hat 16 Takte, sie ist deutlich zweiteilig, jeder Melodieteil ist gleichartig.

Bei der Behandlung des Hildesheimer Textes von Christinchen, der Rheinbraut, habt ihr mir bereits deutlich gezeigt, daß ihr keine große Zuneigung zu dem Liede habt. Nun sollt ihr auch noch eine Weise hören, die hier bei uns im Lande Nassau oft zu dem Liede von Christinchen, der Rheinbraut, gesungen wird. (Darbietung)

Das ist kein schönes Lied. Leiermelodie.

Gut. Ich habe die Melodie — sie hat $^{6}/_{8}$-Takt — tatsächlich schon als Tanzmelodie gehört. Und da klingt sie nicht uneben, aber — man muß den Text darüber vergessen. Den haben aber damals, als ich sie hörte, die Tänzer nicht vergessen, sondern ihn feste mitgesungen. Und als Tanz ist die Melodie ziemlich lustig. Es stimmen also nicht immer Text und Weise überein.

Wenn wir uns jetzt nicht die Mühe machen und das Lied genau nach Text und Weise einüben werden, so behält vielleicht der eine oder der andere etwas von dem Liede. Ganz kann es wohl noch keiner. Und wenn ich nun von jedem mir singen und sagen ließe, was er nach diesen kurzen Stunden noch weiß, so käme ein buntes Gemisch von Richtigem und Falschem heraus. Deshalb ist es gut, daß es im Zupfgeigenhansl steht, da können wir's lernen.

Nun aber zum Schluß noch eins! Wer hat das Lied gedichtet? Wir wissen es nicht. Aber irgendwann einmal hat ein des Strophenbaues kundiger Mann die Wassermannsage zu unserem Liede zusammengefügt. Und wenn es noch wert ist, gesungen zu werden, so wollen wir es singen! (Einübung in der üblichen Weise)

FSC
www.fsc.org
MIX
Papier | Fördert
gute Waldnutzung
FSC® C083411

Kolibri 360 GmbH
Ferdinand-Jühlke-Straße 7
99095 Erfurt, Deutschland
produktsicherheit@kolibri360.de